s y o u b o u g e n z o u
b u s s y o u

正法眼蔵

仏性を味わう

Uchiyama Kosyou
内山興正

大法輪閣

目次

装丁…清水良洋（Malp Design）

「仏性」という言葉について

この「仏性」の巻は数ある正法眼蔵の巻のなかでも、一つの最高峰だと思う。

だいたい私は学生時代から正法眼蔵の本を手に入れて、これをなんとか分かりたいと思って何度も何度も読んでいた。しかしどの巻を開いてみても、それこそ分かるも分からないも、どこが分からないかさえも分からない。まるで食いつけない感じだ。それで註釈本か提唱本に何か良い本はないものかと思っていたら、そのころ出ていた「禅の生活」という雑誌に「なんといっても正法眼蔵は西有（にしあり）禅師の啓迪（けいてき）が一番良い」と紹介されていたので、是非とも啓迪を読みたいと思った。ところがいくら探し回ってもどこにもない。ようやく最後にのぞいた本郷帝大赤門前の山喜房（さんきぼう）で、あることはあるという。しかし値段が定価より高くなりますよと思わせぶりタップリだ。「いくらか」と聞くと、四十五円といわれてびっくりした。

そのころ、啓迪は代々木書院から出していて定価は十円の本だった。それを四十五円という。いまなら手紙一つ出せない金額ですが、そのころの四十五円といったら、ちょうど大学出の初任給まるまるの額なのだから、いくらなんでもベラボウに高い。しかしながらどうしても欲しくて仕方がないので結局買いました。くやしいから四十五円の領収書をそのなかにしっかり貼り付けて、この分だけはどうしても読まなきゃと決心した。昭和十五年春の話です。

しかもその後間もなく私は肋膜炎になって、とうとう一年間ベッタリ寝込んでしまいました。そのとき無常を感じながら、西有禅師の啓迪をそれこそ一所懸命読んだのです。そしてそれが機縁となって、ついに道元門下で出家してしまいました。

この啓迪のなかに、西有禅師が「弁道話」「現成公案」「仏性」巻を「弁現仏」と称して特別に書き写し、毎日読んでいたという話が出ています。それで以後私も「弁道話」「現成公案」「仏性」の三巻だけは特にくりかえし読んできました。その点とにかく昔から「仏性」の巻は正法眼蔵のなかでも一つの最高峰とされてきたものであることは間違いありません。

ところでこの「仏性」の巻を皆さん読んでごらんになってどうですか。きっとやはり歯が立たないという感じがすると思うのです。それはわれわれが常日頃思っている仏性と、道元禅師がいわれている仏性と、言葉は同じ仏性でもその意味内容が初めからてんで違うからです。

その点いままでにもいってきた「仏法」とか「一心」という言葉についてもそうですが、「仏性」という言葉もわれわれ仏教を学ぶ者にとってはあまりに頻繁に出会うので、いつの間にかなんとなしに分かっているような気がしてしまうのですね。そのくせ本当は何も分かっていない。それどころか、まったく見当外れのことを思いこんでいる。それだから問題なのです。

たとえば、仏性という言葉で何を思い描きますか——たいがい仏さまの性質、あるいは仏さまの種子(たね)、仏さまになる可能性ぐらいに思って、一切衆生悉有仏性(いっさいしゅじょうしつうぶっしょう)と聞くと「ああ有難い。こんな凡夫(ぼんぷ)の私でも心のなかには仏さまになる種子がちゃんと備わっているのだ」ぐらいに考えてしまう。

ところがそんなことを考えながらこの「仏性」の巻を読み始めてごらんなさい。まったく見当が違うのだから読めば読むほど分からなくなって投げ出してしまうのがオチだ。

いや、いまその辺に出ている正法眼蔵の註釈書、解説本とか現代語訳にしてもそうだ。「仏法」ということも「心」ということも「仏性」ということも、まず「その語の意味は何か」ということから解説している本をいままでに私は見たことがない。みんなこういう「仏法」「心」「仏性」などという語が出てくるとき、まったくその意味を問わず、それをそのままX(エックス)としておいて、とにかく正法眼蔵を読んでその後から「そのXとはナーンダ」とまるで謎解きみたいに問うこと——あたかも代数方程式のXでも解くようなことが、不立文字(ふりゅうもんじ)の禅籍の読み方だとしているフシがある。

あるいはもしかするとこういうことかもしれない。——だいたい禅でもやろうという人たちは、あまり身を入れて本を読むことが苦手な人が多いので、「禅は不立文字といって、仏教教学とは関係はない。オレの直観でいけばよいのだ」——そんなつもりで禅を始める人が多いのではないか。つまり現在、禅をやる人たちは、アタマの雑駁(ざっぱく)な人たちが多いということか。そんな人たちがたとえばこの「仏性」巻を読み始めれば、それこそ自分の混沌感情で読んでいるわけだから、まるで見当外れの理解となってしまうのは当然だ。しかし、なるほどあなたご自身のアタマが雑駁で勉強嫌いであったとしても、この「仏性」巻を書かれた道元禅師ご自身はまったく優秀なアタマで、しかもすでに比叡山（ひえいざん）で腹一杯仏典を読んでこられ、そういう仏典をこなした地盤でこの正法眼蔵を書かれ、仏性という言葉一つも使われておられるのだということはよく思わねばならない。

それを無学なるわれわれが、単なる混沌感情や直観と称するもので読んでいっていいわけはない。それではまったく話が食い違ってしまうのはアタリマエだ。いや、いま眼蔵を講釈している人のなかにも事実そんな人たちが多いと思うので、あえていうのです。本当に眼蔵を参究するつもりなら、まず仏典について学ぶべきは学ばなければならない。しかし同時に、ただそれで終わっていいものではない。単に文字の詮索なら銀行マンの札ビラ数えみたいなもので、まったく自分の求道（ぐどう）と関係のない話である。

われわれ求道者として正法眼蔵を参究するのであるかぎり、大切なことはまず仏典について――たとえば、いまここでは仏性についてだが――その語の意味を学びつつ、それによっていつの間にか思い固めてきている概念をすべて破壊し破棄しなければならない。そしてマッサラに仏性という言葉の、仏教における本当の意味を謙虚に学ばなければならない。

しかも「仏道をならふといふは、自己をならふ也」なのだから、同時にそれを自己自身に当てはめて古教照心すべきである。いやここで自己自身といっているのは決してふだんわれわれが自分自分といっている業識的自分ではなく、何より坐禅する自己、自受用三昧としての自己なのだから、腹一杯坐禅しつつこの坐禅に当てはめて古教照心し、そういう意味での仏性をどこまでも参究していかねばならぬのだと思う。いや、これは決して他人に向かっていっているのではない。私自身の正法眼蔵参究において心がけるべき態度として、私自身にいって聞かせているのです。

では、仏性という言葉は仏典においてどういうふうに出ているか。仏性ということを根本的に述べているお経は涅槃経だが、その涅槃経には、

「仏性とは即ち第一義空なり」

とある。これがお経に出てくる仏性の根本的定義です。

しかしまた、その第一義空とは何か。これもよく知っておかねばならない。これは般若経における十八空の一つです。それにしてもまったくつかみようもない空について十八あるといって数え立てるのだから、そのインド人流のやり方には恐れ入る。どうもインド人にはすぐ「それには幾つある」と、たとえば「くしゃみの仕方には幾つある」「あくびの仕方には幾つある」といった調子で、思いついた項目をずらずらと大袈裟に並べ立てる癖がある。その辺のインド人流の癖をよく飲み込んでおいた上で、しかしその根本にある本質的なところは何かということを見ていかねばならない。そういう気持でこの十八空を解釈している般若経の本文を読んでみると、十八空の一々に必ずこう

書いてある。

「常に非ず滅に非ざるが故に」と。

つまり、十八も並べ立てたものがみな空である所以（ゆえん）は「常に非ず滅に非ず」だからというので、このことこそが本質的なことである。それでは第一義とは何か。

「第一義とは涅槃に名（なづ）く。涅槃の涅槃たるは空なり」

さあ、ここで分からなくなるじゃないですか。「仏性とは涅槃が空である」ということだと。——もしこれが仏性の根本的定義であるとすると、ふつうに仏性とは仏の性質、仏の種子、仏となる可能性ぐらいに思いこんでいる考えと、いったいどう結びつくのか。いや仏性という言葉について、仏の性質、仏の種子、仏になる可能性ということぐらいに思いこんでこの巻を読んでいけば、いかに見当外れとなってしまうかということだけはよく分かっていいはずだ。

道元禅師は確かによく坐禅をされ、この巻はその坐禅において開かれる仏法的世界の話が書かれているわけだが、少なくとも先にもいったように、それ以前にいわゆる仏教教学の知識もしっかり身につけていらっしゃるので、だからこの巻において仏性という言葉一つ使われるのでも、無学なわれわれが無道理に思いこんでしまっているような言葉の意味と同じであろうわけがないのです。

そうしてみればわれわれも、まったくいままでの思いこみをすべて手放して、まず素直に仏典における言葉の意味を自己の修行に当てはめつつ古教照心し、いったいそれが私自身の人生においてどういう意味であるかと根本的に出直さなければならない。

前置きは長くなったが、とにかくまあそういうつもりで以下初めから出直して真新しい気持で、仏性の意味を自分の人生に当てはめつつ考えてみたい。

仏性とは第一義空であり、第一義とは涅槃であるということはいま見た通りだが、この涅槃とは何か――これもふつうにはお釈迦さまのご入滅ぐらいにしか考えていない。しかしお釈迦さまの死が空であるのが仏性の意味とは解しかねる。もっと根本的な意味においての涅槃の意味を知らねばならない。この涅槃については涅槃経の師子吼菩薩品(ししくぼさつぼん)にいろいろ述べられていますが、大切なのは次の二点です。


「涅槃とは、即ち是れ煩悩諸結の火を滅す」

「涅槃とは畢竟帰(ひっきょうき)に名(なづ)く」


梵語では涅槃のことをニルヴァーナといって、火をフッと吹き消すことがもともとの意味だという。われわれの心のなかでは、いつもなんとなしにムシムシしています。そして時々それがトサカに来ちゃってカッとするじゃないか。ムシムシ、ムシムシ、いつも何か物足りようとしているのは煩悩、カッとして結ばれた処は諸結です。そういう煩悩のノボセの火を滅する。いつも何かにつけて物足りようの思いが働くけれど、そういう思いの丸転がしにならないというのが涅槃だ。

そしてそこが畢竟帰「つまり帰する処」だ。澤木興道(こうどう)老師はこの畢竟帰を現代語に訳して、「仏法とは行きつく処へ行きついた生き方を教えるものである」といわれた。これはまったく名訳です。

だいたい世間の人はあまりにも中途半端な処で生きている。こんな生き方をしているうちにただ年を食っていくだけで、このままでいいとはとても思えない。しかしながら、ではどうしたらいいのかといっても、何をねらうべきなのかさえまったく分からない。せめてみんながその分からないことだけでも分かってくるといいのだけれど、目先の雑事や欲望にまぎれて、問題としてはっきりつかむこともできないまま流されているのが現実ではないですか。これは生き方として、まったく中途半端だ。

それに対して本当に行きつく処へ行きついた処、あれでもないこれでもないと本当にゆすり込んだ生き方――それがもっとも洗錬された生き方です。つまりわれわれ思い迷い、思い迷ったあげく徹底的にゆすり込まれたところ、万事放下(ほうげ)して坐禅するよりほかなくなった。思っても思っても本当には片付かないとだけ分かって、結局ただ坐るのが坐禅である。

その点坐禅とは、もっとも洗錬された人生態度であり、畢竟帰です。要するに涅槃というのは煩悩諸結の火を滅すること――坐禅して、いま事実アタマを手放しすることだ。アタマでしっかり握ってしっかり結ぼれたものをとにかくパッと手放す。そうすると結ぼれが解けて落っこちてしまう、身心脱落(しんじんだつらく)だ。それが結局畢竟帰、つまり帰する処なのです。どんな煩悩にも流されない、この本当の安らい処が涅槃ということである。

仏性とは結局、この「第一義＝涅槃＝畢竟帰」が空であるということです。というのは、先にあげた大品般若経問乗品第十八の言葉をもう少し前後をまとめて引いていえば、

「何等をか第一義空となす。第一義とは涅槃に名く、涅槃の涅槃たるは空なり、常に非ず滅に非ざるが故に。何を以ての故に、性自ら爾ればなり。是を第一義空と名く」

つまり「第一義＝涅槃＝畢竟帰」は、「常に非ず滅に非ざるが故に」空なのであり、この第一義空が仏性だということです。

また、大般涅槃経師子吼菩薩品には、

「仏性とは即ち第一義空なり。第一義空は名けて中道となす。中道とは即ち名けて仏となす。仏とは名けて涅槃となす」

ともあります。つまり非常非滅ということは、もし常といえば常見有見となり、それに反し滅といえば無見断見となる。その断常二見、有無二見を超えた非常非滅なればこそ中道なのだというのです。

それにしても、ここで「常に非ず滅に非ず」ということは、ちょっと不思議です。というのは、ふつう「常」に対する言葉といえば「断」あるいは「無常」であり、「滅」に対する言葉といえば「生」ではないですか。つまり「断常」あるいは「常無常」そして「生滅」という言い方こそが、ふつう仏典において出会う言い方です。それをここではあえて「常に非ず滅に非ず」という。

その点日本人は、とうとういままで漢訳仏典をわれわれ日本人自身の言葉に訳することなく読んできているから、この「非常非滅」もそのままに読んでいるわけだが、もしこれをいまのわれわれが使っている言葉で訳するつもりになったらなんというか――結局私は「常に非ず」とは、「断」をその意味の裏にもっているので、決してまったく無いのではないが、しかし常住にあるのではない。つまり「キマッテあるのではなく」と訳し、「滅に非ず」とは「生」をその意味の裏にもっているので、「それは生きている」とでも訳してみたらいいと思う。

つまりふつう涅槃、畢竟帰といい、いまわれわれがいったように「行きつく処へ行きついた生き方」というと、いかにも「キマル処へキマッテ」ある一つの固定した境地境涯の如くに考えてしまうけれど、第一義空というのはそういう固定した一つの境地境涯というものではなく、生きているナマモノだということです。なぜかといえば、「畢竟帰」「行きつく処へ行きついた生き方」というのは、そんな「キマッテあるものではなく（非常）、それは生きている（非滅）」のだからです。それが性として「自ら爾ればなり」です。

それはそうだ。行きつく処へ行きついた生き方とは必ずなければならないが、それはいきいきとしたものとして、固定的なものであるはずはない。生理的生命一つでも、刻々いまの息はいま呼吸しつつ、ある長さの寿命を生きるので、それなればこそ初めて生きているのだ。

それで以上、仏典の言葉を引いてお話したことを見やすくまとめておきますと、次のようになります。

- 仏性＝第一義空
  - 第一義＝涅槃
    - 煩悩諸結の火を滅す＝アタマ手放しにして結ぼれをほぐす
    - 畢竟帰＝これこそ行きつく処へ行きついた生き方
  - 空
    - 常に非ず＝それはキマッタ固定したものとしてあるのではなく
    - 滅に非ず＝生きている

中道

しかしこういうことも、あたかも博物館の陳列棚のなかをのぞき込むようなつもりで、自分より向こう側に見ていては駄目だ。大切なことは、何より自分自身の人生によく当てはめて考えなければなりません。

ではそういう自己の人生の畢竟帰としての涅槃が空であるとは、一口にいってどういうものか。結局常に非ず、滅に非ず、刻々に生命実物に的中していく中道でなければならないということだ。つまり、修行したあげく煩悩諸結の火を滅して行きつく処へ行きついて、カチンとしてキマッタ境地境涯があるものではない。しかし決して無いのではない。かえって刻々の生命実物的中の道としてある。既成品ではなく刻々のいきいきした生き方だということです。それが第一義空であり、仏性といわれるものです。もう少し突っ込んでいえば、「仏性」という何か名詞的にいわれるような個物的実体的なものがわれわれ凡夫のなかに、あたかも梅干のタネの如く存在するというのではない。かえって「仏性」とは刻々に自己自身が行じていく動詞的なもの、行的な在り方のものだということです。

ここで中道についてもちょっと申し上げておきますと、中道の「中」は、中途半端な中でもなければ、中間の中でもありません。的中の中です。また「道」というのは仏法としていえば自分より外側にある、こちらからあちらへの道ではない。「仏法の為に仏法を修す、乃ち是れ道なり」（学道用心集）とあるように、われわれすでに仏法（生命の実物）を生きているのだから、この仏法（生命実物）として仏法（生命実物）を生きるのが道である。つまり自己が自己自らの深さへ深まっていく歩みこそが、仏法としての「道」である。決してこちらからあちらへという二点間の道ではなく、いまここ自らが自らを行ずる道です。

しかし、この自分より外部にあるこちらからあちらへの二点間の道ではなく、いまここ自らが自らを行ずる道とは、いったいどんなことか——。これはこんなふうに考えてみたらいいと思うのです。というのは、われわれは誰でも「自己は自己の人生を生きている」わけですが、このことを、自己が「自己の人生というクルマに乗っている」と考えてみたらいい。その点いまのわれわれはマイカーに乗って方々に旅行するけれど、われわれの人生も「自己の人生というクルマに乗って」旅行しているみたいなものです。クルマの目の前には、いろいろな風景が刻々に休むことなく展開して移っていく。われわれの人生においても同じくです。

ただしかし、「ふつうのクルマ」と、われわれの「自己の人生というクルマ」とでは、少し違ったところがあることも事実です。というのはどういう点かというと、ふつうのクルマではAという地点からクルマに乗り込んで、Bという地点へ行ってそのクルマから降りることができます。それでAからBへの二点間の道を走ったということになります。

ところが自己の人生というクルマはそうではない。オギャアと生まれて自己の人生というクルマの運転台に乗り込んだかぎり、死ぬまでこの自己の人生というクルマの運転台から降りることはできない。いや根本的には、この生まれる死ぬということさえも、自己の人生というクルマの前に展開する一つの風景でしかないのであって、とにかく自己というクルマの運転台から降りることはできません。たとえノイローゼになって、自分はもう自分を生きているような気がしないといってみても、そういう「自分を生きている気のしない自分」を生きるよりほかはないのですから。

つまり、この「自己の人生というクルマ」においては絶対その運転台から降りることはないのだから、確かに「自己の人生というクルマ運転」しているわけだが、決して「Aというこちら」から「Bというあちら」への二点間の道を走るわけではありません。かえってただ「自己から自己への道」以外にはないのです。

しかもこの「自己の人生というクルマ」においては、目前にいろいろに展開する風景というものが決して自己の人生より外側にあるものではなく、かえって自己の人生の内容です。それでいろいろに展開する風景ぐるみの人生として、いかに的中運転していくかこそが「自己の人生というクルマの道」です。

つまりここに「道」とは決してこちらからあちらへの二点間の道ではなく、「自己の生命実物が自己の生命実物に畢竟帰して生きる」(仏法の為に仏法を修す)という「的中運転する道」なのです。それで以上いってきた「仏性＝第一義空＝涅槃空＝畢竟帰空＝中道」ということを、自己の人生によく当てはめて考えてみると、結局このような「自己の人生において畢竟帰運転をしていく」ことだというべきでしょう。つまり仏性とは、いまもいったように、決して固定した「あるもの」として名詞的に表現されるべきものではなくして、「刻々に自己の人生を畢竟帰運転していく」と動詞的にいうよりほかはない「行」なのです。

以上でとにかく仏性がふつうに思われているような、単なる「仏さまの性質」とか、「仏さまになる種子」とか、「仏さまになれる可能性」などといったようなものでないことだけは、はっきりしたと思います。道元禅師は以上のような仏典における意味を踏まえた上で、これからより深く仏性の中味を語られ、われわれに示されます。

〈一〉一切衆生悉有仏性の章

——仏性とは行きつく処へ行きついた生き方

釈迦牟尼仏言、「一切衆生、悉有仏性、如来常住、無有変易」。

これ、われらが大師釈尊の師子吼の転法輪なりといへども、一切諸仏、一切祖師の頂𩕳眼睛なり。参学しきたること、すでに二千一百九十年（当日本仁治二年辛丑歳）、正嫡わづかに五十代（至先師天童浄和尚）、西天二十八代、代々住持しきたり、東地二十三世、世々住持しきたる。十方の仏祖、ともに住持せり。

世尊道の「一切衆生、悉有仏性」は、その宗旨いかん。是什麼物恁麼来（是れ什麼物か恁麼に来る）の道転法輪なり。あるいは衆生といひ、有情といひ、群生といひ、群類といふ。悉有の言は衆生なり、群有也。すなはち悉有は仏性なり。悉有の一悉を衆生といふ。正当恁麼時は、衆生の内外すなはち仏性の悉有なり。単伝する皮肉骨髄のみにあらず、汝得吾皮肉骨髄なるがゆゑに。

しるべし、いま仏性に悉有せらるる有は、有無の有にあらず。悉有は仏語なり、仏舌なり。仏祖眼睛なり、衲僧鼻孔なり。悉有の言、さらに始有にあらず、本有にあらず、妙有等にあらず。いはんや縁有・妄有ならんや。心・境、性・相等にかかはれず。しかあればすなはち、衆生悉有の依正、しかしながら業増上力にあらず、妄縁起にあらず、法爾にあらず、神通修証にあらず。もし衆生の悉有それ業増上および縁起法爾等ならんには、諸聖の証道および諸仏の菩提、仏祖の眼睛も業増上力および縁起法爾なるべし。しかあらざるなり。尽界はすべて客塵なし、直下さらに第二人あらず、直截根源人未識、忙々業識幾時休（直に根源を截るも人未だ識らず、忙々たる業識幾時か休せん）なるがゆゑに。妄縁起の有にあらず、偏界不曾蔵のゆゑに。偏界不曾蔵といふは、かならずしも満界是有といふにあらざるなり。偏界我有は外道の邪見なり。本有の有にあらず、亙古亙今のゆゑに。始起の有にあらず、不受一塵のゆゑに。条々の有にあらず、合取のゆゑに。無始有の有にあらず、是什麼物恁麼来のゆゑに。始起有の有にあらず、吾常心是道のゆゑに。まさにしるべし、悉有中に衆生快便難逢なり。悉有を会取することかくのごとくなれば、悉有それ透体脱落なり。

仏性の言をききて、学者おほく先尼外道の我のごとく邪計せり。それ、人にあはず、自己にあはず、師をみざるゆゑなり。いたづらに風火の動著する心意識を仏性の覚知覚了とおもへり。たれかいふし、仏性に覚知覚了ありと。覚者知者はたとひ諸仏なりとも、仏性は覚知覚了にあらざるなり。いはんや諸仏を覚者知者といふ覚知は、なんだちが云々の邪解を覚知とせず、風火の動静を覚知とするにあらず。ただ一両の仏面祖面、これ覚知なり。

往々に古老先徳、あるいは西天に往還し、あるいは人天を化道する、漢唐より宋朝にいたるまで、稲麻竹葦のごとくなる、おほく風火の動著を仏性の知覚とおもへる、あはれむべし、学道転疎なるによりて、いまの失誤あり。いま仏道の晩学初心、しかあるべからず。たとひ覚知を学習すとも、覚知は動著にあらざるなり。たとひ動著を学習すとも、動著は恁麼にあらざるなり。もし真箇の動著を会取することあらば、真箇の覚知覚了を会取すべきなり。仏之与性、達彼達此なり。仏性かならず悉有なり、悉有は仏性なるがゆゑに。悉有は百雑砕にあらず、悉有は一条鉄にあらず。拈拳頭なるがゆゑに大小にあらず。すでに仏性といふ、諸聖と斉肩なるべからず、仏性と斉肩すべからず。

ある一類おもはく、仏性は草木の種子のごとし。法雨のうるひしきりにうるほすとき、芽茎生長し、枝葉花菓もすことあり。果実さらに種子をはらめり。かくのごとく見解する、凡夫の情量なり。たとひかくのごとく見解すとも、種子および花果、ともに条々の赤心なりと参究すべし。果裏に種子あり、種子みえざれども根茎等を生ず。あつめざれどもそこばくの枝条大囲となれる、内外の論にあらず、古今の時に不空なり。しかあれば、たとひ凡夫の見解に一任すとも、根茎枝葉みな同生し同死し、同悉有なる仏性なるべし。

『釈迦牟尼仏言、「一切衆生、悉有仏性、如来常住、無有変易」。

これ、われらが大師釈尊の師子吼の転法輪なりといへども、一切諸仏、一切祖師の頂𩕳眼睛なり。参学しきたること、すでに二千一百九十年（当日本仁治二年辛丑歳）、正嫡わづかに五十代（至先師天童浄和尚）、西天二十八代、代々住持しきたり、東地二十三世、世々住持しきたる。十方の仏祖、ともに住持せり。

世尊道の「一切衆生、悉有仏性」は、その宗旨いかん。是什麼物恁麼来（是れ什麼物か恁麼に来る）の道転法輪なり』

ここで注意せねばならぬことは、道元禅師が「一切衆生は悉く仏性有り」と読まれずに、「一切衆生悉有仏性」と続けて読まれていることです。ふつうはいまもいうように仏性を仏さまの性質、仏さまの種子くらいに考えているから、「一切衆生悉有仏性」というと衆生にも「仏性有り」「仏性を所有している」というぐらいのつもりで読むわけです。ところがいま仏性というのはそんなコロッとしてあるものではなく、刻々に畢竟帰運転していく行そのものなので、「一切衆生悉有仏性」ということは、そんな衆生が仏性をもっているというような話とはまったく違う。かえって「悉有は仏性」「悉有は仏性としてある」ということでなければならない。

一切衆生、悉有というのは、生きとし生けるもの、あらゆるもの、どれもこれもということです。それが仏性だというのは、どういうことか。結局どっちへどう転んでも、すべては私の畢竟帰運転の場でないものはないということです。

いや、ここで運転の場といっても「運転する主体」と切り離れて「運転の場という客体」が向こう側に存在するというのではなく、かえって「運転の場」は「運転するそのこと」と共にあるので、つまり、どっちへどう転んでも「自己の人生の畢竟帰処」と決まっているのであれば、話が固定してしまう。そうではなく、どこまでもそういう、どっちへどう転んでも私の畢竟帰運転をいまこで行じていくことこそが、「一切衆生悉有仏性」の意味です。

つまり一切衆生悉有仏性とは、決してコロッとした「既製品的在り方」のものではなく、どこまでも時々刻々行じていく「行的在り方」としてある。どっちへどう転んでも、アタマ手放し覚め覚めていく以外にない。決して仏性とはこういうモノだと規定的に固定していえるものではない。それはナマモノだということです。

「如来常住、無有変易」ということも、ふつう考えるとゴロッとした仏さまが、未来永劫有難く鎮座ましますというぐらいに考えるが、決してそうではない。かえって本当の生命実物（如来）は、有るといったら間違いだ。無いというのも間違いだ。かえって有ると無いと分かれる以前、つまり存在以前です。では以前と以後とあるのかというと、以前と以後があるといえば、すでに分かれた以後の話となる。そうではなく以前と以後と二つに分かれる以前なので、それはもう時間以前だ。結局存在以前、時間以前、すべて二つに分かれる以前として常住だということです。だからここに常住といっても、決して固定した梅干のタネのようなものがあるのではない。かえって不来不去(ふらいふこ)の処で、しかも来たるが如く去るが如く——そういう在り方として常住なのだ。

「時時移り、移るままこそ御いのち、移るは移らず、移らず映る」——生命実物は「移らず映る」ものである。そこが如来常住、無有変易だ。

「世尊道(せそんどう)の『一切衆生、悉有仏性』は、その宗旨いかん。是れ什麼物(なにもの)か恁麼来(いんもらい)の道転法輪(どうてんぽうりん)なり」

結局、仏性はいまもいうように規定的に固定していえるものではないから、什麼物か恁麼来（ナニモノがどうして来たか）と問われれば、説似一物即不中（一物を説似せんとするに即ち中らず）と答えるほかない。有ともいえず無ともいえず、常でもなし滅でもなし、恁麼ともいえず不恁麼ともいえず、言葉ではなんともいいようのない不二の実物をわれわれいま事実生きている。道元禅師は世尊のいわれた「一切衆生悉有仏性」という言葉を「是れ什麼物か恁麼来」――言葉で言い尽くせないアノアレ、生命の実物として、縦横に転法輪されるわけです。

『あるいは衆生といひ、有情といひ、群生といひ、群類といふ。悉有の言は衆生なり、群有也。すなはち悉有は仏性なり。悉有の一悉を衆生といふ』

ここの処はただ衆生のいろいろな言い方、異名をあげている。大切なのは悉有は仏性で同時に衆生だということです。「悉有の一悉」と書いてあるのを、一部分くらいに考えてはならない。悉有というのは何から何までで無限だ。その無限の $\frac{1}{2}$ といってもそれは無限なのだ。悉有の一悉とは無辺際の一、全分という一だ。

つまり悉有、仏性、衆生と名前はいろいろ変わるけれど、みんなたった一つのことをいっている。

『正当恁麼時は、衆生の内外すなはち仏性の悉有なり。単伝する皮肉骨髄のみにあらず、汝得吾皮肉骨髄なるがゆゑに』

「衆生」というと、これもみんなは向こう側に置いて考え、自分を傍観者、観察者にしてしまうから駄目だ。生きとし生けるものというなら向こう側の話ではない、私だ。私が生きている、これが衆生だ。その私の内外、つまり私の人生全域は仏性の悉有といわれる。これはどういうことか。結局、私がどっちへどう転んでも、そこが畢竟帰運転の場として私の人生はあるということです。だから衆生と悉有と仏性とはまったく一つです。私は生きているかぎり衆生だ。そして私が生きているということは、すべてのすべてとして生きている。つまり私が生命体験すればこそすべての世界があるし、世界を生命体験することにおいて私は生きている。そしてそれはいつでも仏性、畢竟帰運転の場としてある。それが私の人生というものです。こういう仏法の在り方はいままで、ふつうわれわれが考えてきている人生とか仏教の話とは、ガラッと話が違う。

「仏法とは途方もないものだ」

と本師澤木老師がいつもいわれていたけれど、一旦仏法といったらもはや何から何まで仏法であって、まったく常識世界の話ではなくなってしまう。老師のトホウもないという独特の口調がいまだに私の耳に残っています。これについて「三昧王三昧」の巻には次のように出ている。

「坐の尽界と余の尽界とはるかにことなり。この道理をあきらめて、仏祖の発心・修行・菩提・涅槃を辦肯するなり」

これがとにかく正法眼蔵を読む根本ですよ。まず坐禅の世界に入らなければ正法眼蔵は分からない。正法眼蔵はいつでも坐禅から見た話が語られている。

事実われわれ一旦坐禅したら坐の尽界人だ。坐の尽界人として生きるかぎり、あらゆるものが仏法の世界だ。仏法の世界といったら、鳥獣虫魚から螻蟻蚊虻（ろうぎもんもう）に至るまであらゆるものが悉有仏性、畢竟帰運転の真只中なのだ。

それをみんな遠慮して「私は駄目です。そんなに偉くありません」と逃げようとする。それが駄目なんだ。衆生の目から見ればこそ自分は仏性でないと差別しているが、仏の手前からいったら、そういう衆生を隔て差別する何物もない。何から何まで仏性だ。

だからまず坐禅をして坐禅の側から見直してみる。すると何から何まで仏法の世界ならざるはない。それを悉有仏性ともいう。すべて仏法のなかに生きているから、いかに仏法の畢竟帰運転をやっていくか――それだけです。これから修行してなんとか悉有仏性になりたいというようなウカツな話ではない。われわれすでに悉有仏性のなかにズンブリ生きている。坐の尽界にすべて入っている。そうなるとこの人生は畢竟帰運転の場、只管（しかん）という以外に何もない。それが「衆生の内外すなはち仏性の悉有なり」だ。

早い話、いま皆さんが一所懸命こうして私の話を聞いてくださる。これは事実あなたの人生の畢竟帰運転をいまやっているわけです。そうでなければ何もこの蒸し暑いさなかに坐禅を組んだり、話を聞かなくてもいいわけです。それよりは常識世界からいえば、もっと面白い処がいくらでもあるのですから。

達磨大師は四人の弟子たちに「汝はわが皮を得たり」「汝はわが肉を得たり」「汝はわが骨を得たり」「汝はわが髄を得たり」といって仏法を伝えられたというが、何か受け伝えるコロッとした一物があると考えたら間違いです。衆生の内外すべてが悉有仏性なのだから何から何まで仏性であって、このとき、ことさらに受け伝えるものなどない。単伝といったら仏性悉有の単伝だ。

そして達磨さんからいったら、じつは一切衆生すべてが「汝」であって、私だって汝なのだ。すべての汝はみんな達磨さんの皮肉骨髄を得ている。つまり仏性の悉有を生きている。

『しるべし、いま仏性に悉有せらるる有は、有無の有にあらず。悉有は仏語なり、仏舌なり。仏祖眼睛なり、衲僧鼻孔なり』

道元禅師が「しるべし」といわれている処は、いつでも大切な処です。「仏性に悉有せらるる有」とは何か、自分によく当てはめて考えてみると、結局「悉有を自己の畢竟帰運転していく私の人生は――」とでもいうべきだ。

決して悉有を自分より向こう側の話にしてはならない。私自身に当てはめてみたら、私が生きている人生そのものだ。その人生はといえば、私が刻々に畢竟帰運転していく場なのです。それはてんから常識の話ではない。いかなる意味においても有無二つに分かれてから以後の有ではない。どこまでも坐の尽界としての私の人生の話として、その悉有は仏さまの言葉だ、仏さまの舌だ、仏さまの目の玉だ、真実修行者の鼻の穴、身心だ。

どっちへどう転んでも何から何まで行きつく処へ行きついた処としてねらい、それに的中して運転していくことが、坐の尽界人としての私の人生です。それが悉有仏性ということ、私にいわせれば畢竟帰運転だ。

人生運転のうた

マイカーで　何千キロを
走ろうと　刻々うつる
風景も　出会うところも
それぐるみ　みな自己のもの
運転は　手もと足もと
のびのびと　いきいき覚めて
安らかに　楽しく走ろう
天地一杯の自己

畢竟帰としての人生運転を自動車運転と考え合わせてみると面白い。運転していると刻々に、歩行者が横切った、車が行く、信号が変わるということに出会う。しかしその風景ぐるみが私の人生だ。その運転は手元足元のハンドルやアクセル、ブレーキを操縦して自由に楽しくいく。われわれの人生運転もそれと同じです。いろんなことに出会うし、風景はさまざまだ。しかし何が飛び出してこようとそれぐるみ私の人生だ。刻々に展開される風景や出会う処にはっきり覚め覚めて、それぐるみ自分の手元足元の問題としていかに運転していくか。考えごと運転とか、酔っ払い運転では危い。緊張運転や居眠り運転でもぶつけてしまう。刻々に初心をもって覚め覚めて、皆さん自身、私自身やっていかなければならない。言葉で「仏性とは畢竟帰運転である」といって済むものではありません。

いま一旦、坐禅から見た世界に立ち帰ったら、どっちへどう転んでも畢竟帰運転の場だ。私が本当に行きつく処へ行きついた生き方をしようとねらうだけです。だから失敗したら失敗した処でいい。そのそこで畢竟帰運転だ。迷ったら迷った処で畢竟帰運転、不十分だったら不十分な処が畢竟帰運転の場だ。そのかぎりどれだけ迷っても不合格しても失敗しても、退学をくらって落ちこぼれる恐れはない。

だいたい失敗したといっても、その瞬間にもはや過ぎ去っているのだから心配はいらない。「あっ失敗した」というときは、もう過去になっているのだから、また出直したらいい。しかしそれと同時に、過去がまったくなくなってしまうのではないから、過去の経験は十分省みて「コレはコウすべきでない」とその後の行動に生かすべきだ。ところがみんなそうでないでしょう。生かすどころか過去に引きずり回され、過去にがんじがらめになっている。では未来はというと「将来はこうしたい」とアテを描いて、またそれに引きずられていく。

たとえば今度の一番に勝てば優勝というお相撲さんはプレッシャーがかかるというけれど、大きなアテが目の前にぶら下がっているということは大変なことだ。この場合、大変むずかしい問題が横たわっている。というのは土俵に上がるのであるかぎり、勝負なんかどうでもいいと思っている相撲取りはいない。みんな勝とうと思うのは当然だ。ところがその勝とう勝とうと意識しすぎると、そこにプレッシャーがかかるということだから。このとき、いったいどこに心を置いたらいいのか。

これについては私自身、失敗に失敗を重ねて生きてきて、七十になって初めてその辺の心の置き処を悟りました。

結局アテとして置いてはいけない、方向だ。大切なのは、いまここの実物だけだ。そのいまここの実物は過去の経験もある、未来への方向もある。しかし過去に引きずられず、未来にしばられず、現在はまったくマッサラな現在だけになって、同時にこのマッサラななかに過去の経験も生かし、未来への方向も生かし――そういう相撲を取らなくてはならないと思う。この辺がねらいだ。

ところがそうはいっても、実際は刻々に失敗するのだ。そしたら失敗したら失敗した処でアタマ手放し、その時その処で畢竟帰運転、またやり直したらいい。私なんか細君を二人まで愚図り殺しているんだから。いまだに細君を苦しめたことを思い出すと、胸がキュッと痛む。それほどのやるせない思いが死ぬまであるのだ。だから、それだけを思っていたらとても生きられやしない。傷だらけの人生だ。

しかし一旦未来への誓願に向かうとき、私はもうみずみずしい姿になっていきいきしてくる。ここで喋っている姿でも元気いいでしょうが。「提唱のときは数倍大きく見えますね」と感心していたカメラマンがいたけれど、それはそうですよ。さっそうと喋っているもの。私の一所懸命生きてきた全部をいまここで吐き出す気持でやっているのだから。そういう過去から未来へ変身するマッサラな現在の一点において、刻々生きている。これがいまの私の畢竟帰運転だ。それが「衲僧の鼻孔」というものだ。

どうぞ皆さんも、決して「私は駄目だ」といわないで、マッサラないのちを刻々にねらうという気持になってごらんなさい。ダラダラ惰性で生きていたら駄目です。人生は刻々の深さなのです。合格不合格ではない。人生はどこまでも死ぬまで深さ――これだけが大切だ。

『悉有の言、さらに始有にあらず、本有にあらず、妙有等にあらず。いはんや縁有・妄有ならんや。心・境、性（しょう）・相（そう）等にかかはれず』

悉有仏性の悉有というのは生きているナマモノだから、始有、本有、妙有、あるいは縁有、妄有なんぞのように「このような形としてある」といって捉えられるものではない。

「始有」とは、本来はないものだったが、いま始めて有るというような存在。

「本有」は、本から有る存在。

「妙有」というのは、不可思議にして微妙な存在。

「縁有」は、因縁によって有る存在。

「妄有」は、無明によって有る存在。

悉有というのはそれらのいずれでもない。それは刻々に走っている畢竟帰運転だから、走り方がこういうものであると決まってはいないのです。さりとて、まったくないのではない。「常に非ず滅に非ず」だ。それは刻々の行的な在り方であって、そこにあるとか、ないとか、というシロモノではない。

「心境性相」というのは、心が主観、境が客観。性は本体、相は現象。

仏性とは、そういう二つに分かれる以前の行的実物なのだから、心境性相を超えている。それはいま、いまの行動としていきいき現われていくものであって、心として境として性として相としてそこに固定しているというものではない。まったく二つに分かれる以前のナマナマしい処で、あらゆる在り方をしていくのです。

『しかあればすなはち、衆生悉有の依正(えしょう)、しかしながら業増上力(ごうぞうじょうりき)にあらず、妄縁起(もうえんぎ)にあらず、法爾(ほうに)にあらず、神通修証(じんづうしゅしょう)にあらず。もし衆生の悉有それ業増上および縁起法爾等ならんには、諸聖(しょしょう)の証道(しょうどう)および諸仏の菩提(ぼだい)、仏祖の眼睛も業増上力および縁起法爾なるべし。しかあらざるなり』

「衆生悉有の依正」とは、ほかならぬ、私自身の畢竟帰運転の場としての依正で、正とは私の身心、依とは環境世界、要するに畢竟帰運転していく私の人生だ。それは決して過去からの業の力によってできたものではない。畢竟帰運転といったら過去からも未来からもマッサラになって、いま、いまやるだけだ。業、非業分離以前の生命実物としていきいき行じるだけだ。

あるいはまた「妄縁起」――妄念の縁起によってできたものでもないし、「法爾」――天然自然のまんまというのも違っている。摩訶不思議な神通力でもない。刻々いきいき私が運転していくその人生は、あらゆる決まったものではない。かえってあらゆるものが分かれる以前だ。

もし畢竟帰運転の場としてのこの人生が、業の続きだとか、縁起だ法爾だというのであれば、お釈迦さまの悟りも誓願もみんな業による造りものになってしまう。お釈迦さまはインド人という業相をもっていたからとか、釈迦族の王子さまという因縁だったからお釈迦さまになれたのではない。

インド人でなくても、カピラ城に生まれなくても、マッサラな生命実物を生きたところにお釈迦さまが出現しているのです。

『尽界はすべて客塵なし、直下さらに第二人あらず、直截根源人未識、忙々業識幾時休（直に根源を截るも人未だ識らず、忙々たる業識幾時か休せん）なるがゆゑに』

とにかく一旦坐の尽界、仏法の尽界として生きるかぎり、がんじがらめで身動きできないような窮屈な人生ではない。それはすべて二つに分かれる以前の生命実物として、塵やゴミのつかない、すべてがマッサラな自己の人生だ。

「ワシものう、定年退職してから十年経った。もう駄目じゃ。やることもなくて今日も一日粗大ゴミ……」そんなに決めなくていいのです、決めるから本当に粗大ゴミになってしまう。それよりもマッサラなオレの人生をいまここで生きてるのだと見直して、いまここが出発点、「いまこの実物こそ御いのち」として生きることだ。

「直截根源人未識、忙々業識幾時休」とは、ふつうみんな、直接に迷いの根源を断ち切ることを知らないばっかりに、いつでも忙々たる業識ばかり——という意味に受け取りがちだ。それに反し、これを棒読みにした水野弥穂子さんの注釈は非常に良かった。

「一切の迷いの根元を断ち切っているのを本人は知らないが、身心の休みなき活動がそのまま仏性の現前である」と。

つまり一旦、坐の尽界人としてあるとき、一切の根源はみんな断ち切られているのです。いくら本人が知らなくても身心の活動そのままが仏性だ。だからいつでももう畢竟帰運転をやっている。いま事実仏法のなかに入っているのだから仏法として生きるんだと、そこで決まらなくてはならない。

『妄縁起の有にあらず、偏界不曽蔵のゆゑに。偏界不曽蔵といふは、かならずしも満界是有といふにあらざるなり。偏界我有は外道の邪見なり。本有の有にあらず、亙古亙今のゆゑに。始起の有にあらず、不受一塵のゆゑに。条々の有にあらず、合取のゆゑに。無始有の有にあらず、是什麼物恁麼来のゆゑに。始起有の有にあらず、吾常心是道のゆゑに』

以下あらずあらずと続きますが、これはいままで述べてきたように、悉有仏性ということは、この自己という生命実物がいまここで行ずるその深さの話であって、決してああそういう境涯か、などという自分より向こう側の既成品的境地境涯の話ではないことをいわれている。

「妄縁起の有にあらず、偏界不曽蔵のゆゑに」——生命実物というのは行ずることだけが実物だから、まったく偏界不曽蔵で隠れようがない。いまやっただけがやったのだ。そこはもう実物だけで、妄想妄念の入る余地がない。

「偏界不曽蔵といふは、かならずしも満界是有といふにあらざるなり。偏界我有は外道の邪見なり」――偏界不曽蔵と聞いて、平面的に目の前に置かれた大きな世界を想像したら間違いです。それは刻々にいまここ畢竟帰運転していく場なのだから、決して空間的な広さを意味しているのではない。悉有ということについて、偏界我有を考えるのは外道の話だ。

「本有の有にあらず、亙古亙今のゆゑに。始起の有にあらず、不受一塵のゆゑに」――本有の有、始起の有とは、本有本覚、始有始覚という言葉から来ていますが、いずれにしろ生命実物とは本(もと)から有るとか、ここから始まって有るとかいうような措定(そてい)された（前に置かれた）存在ではない。なぜならいま刻々に畢竟帰運転するということは亙古亙今、つまり時間以前の如々で本も始めもない。

その点みんな過去から現在、未来と流れる時間のなかに自分も置かれていると思っているが、そこが違う。過去は過ぎ去ってないのだし、未来はいまだ来ないのだからないのだ。では現在だけはカチッとしてあるのかというと、一瞬前は過去、一瞬後は未来であって、そのような過去と未来にはさまれている現在は少しも幅がない。まったく無の一点だ。ところがその無の一点のなかに、あらゆるものが展開され、すべての時間を映している。過去を思うというのもいま思うのだし、未来を考えるというのもいま考える。過去も未来も、いまという無の一点のなかに映っているだけだ。

これは接心をやっているとよく分かる。「日長うして太古に似たり」というけれど、朝から晩までただ坐禅をしていてごらんなさい。そうすると時間のなかに私が坐っているのではなく、私が生きているというのが時間として刻々に生み出されていくということがよく分かる。亙古亙今の如々だ。

「始起の有にあらず、不受一塵のゆゑに」――煩悩を滅してあらためていまから始まるというようなものではない。それはあらゆる煩悩妄想それぞれぐるみの塵々三昧（じんじんざんまい）――何から何まで煩悩チリそれぞれぐるみが仏性なのだ。仏性をただ生きているというのはチリぐるみ仏性であって、染汚（ぜんな）として受けるような一塵はない。

「条々の有にあらず、合取のゆゑに」――条々というのは一つ一つ別々にあること。合取というのは迷と悟、凡と聖が分かれる以前、迷悟も凡聖も引っくるめて等しく仏性だということです。

「無始有の有にあらず、是什麼物恁麼来のゆゑに。始起有の有にあらず、吾常心是道のゆゑに」――それから無始無終の有でもないし、有始有終つまり初めて起こってくる存在としての始起有でもない。カントの二律背反に出てきますが、「この世は始めがあり終わりもある」ものなのか、あるいは「始めがなく終わりもない」ものなのか、これはどちらにしても論としては両方とも成り立つ。それというのは有始有終とか無始無終とかいうものは、だいたいアタマで考えたものだ。ところが本当の生命実物というのはアタマで考える以前、かえってアタマを働かせているのが生命実物なのだから、アタマの分泌物たる思いで生命が片付くはずがない。

どうしても概念的につかめるものではないから「是什麼物恁麼来」だ。またそれは、いつも思い以上、分別以上の生命実物なれば「吾常心是道」だ。いまその実物をみんな生きているのであって、それはどんな意味でも考えられた存在だとか、そこにある存在だとかいう話ではない。

『まさにしるべし、悉有中に衆生快便難逢なり。悉有を会取することかくのごとくなれば、悉有それ透体脱落なり』

衆生と悉有、生きている人間と生きていることとはまったく同じことなので、出逢うというような関係は成り立たない。つまり「行じている当人」と、「どっちへどう転んでも」ということは出逢わない。それは行じているといったら、それそのことだけなのであって、行の真星だ。たとえば私が何か見ているとき、その見ている瞳を私自身が見ることはできないようなものだ。

結局、畢竟帰運転の場として私の人生を受け取ったら、それは「アアそういうモンか」といってコロッとしてあるものではない。どっちへどう転んでも刻々私がやること以外にはないのだから、まったく自由自在、アタマ手放しアタマ手放しでやる処に「透体脱落」している。

『仏性の言をききて、学者おほく先尼外道の我のごとく邪計せり。それ、人にあはず、自己にあはず、師をみざるゆゑなり。いたづらに風火の動著する心意識を仏性の覚知覚了とおもへり。たれかいふし、仏性に覚知覚了ありと。覚者知者はたとひ諸仏なりとも、仏性は覚知覚了にあらざるなり。いはんや諸仏を覚者知者といふ覚知は、なんだちが云々の邪解を覚知とせず、風火の動静を覚知とするにあらず。ただ一両の仏面祖面、これ覚知なり』

仏性というとみんな「それはどの辺の境涯かな」とすぐ考えて、オレというものの種子のように思っている。自己に会わず師を見ざるゆえだ。

「風火の動著」というと何か特別のことのように思うかもしれないが、なあに私がいつもいっている温度と湿気の加減のことだ。あるいはお年の加減もある。そしてムラムラ立ち上がる思いを仏性というものの「覚知覚了」だと思う。

なるほど仏さまのことを「覚者知者」とはいうけれどその覚知と、いまみんなが温度と湿気の加減で覚知覚了するいわゆる心理的意識とは意味が全然違う。それは坐禅してみるとよく分かる。坐禅して頭のなかでいろんな妄想をまざまざと描き出していても、姿勢を正して坐禅に立ち帰ったときにはフッと消えてしまって、「前は壁だけ」――これを覚触、覚めるという。これは分かったとか悟ったとかいうのではなく、非思量であり、本当の意味でただ覚めただけです。

早い話、自動車運転にしても無意識ではない。さりとていちいち考えてやっているのでもない。ただはっきり覚め覚めて運転することが大切です。いわんや畢竟帰運転においてもそうです。

ですから「諸仏を覚者知者といふ覚知」は「なんだちが云々の邪解を覚知とせず、風火の動静を覚知とするにあらず」、かえって「仏性は覚知覚了にあらざるなり」ということをも引っくるめて覚める覚知覚了でなければならない。それでこの巻では有仏性とか無仏性とかいろいろの言い方がされてくるわけです。

「ただ一両の仏面祖面、これ覚知なり」――いまわれわれが坐禅して「生命実物の覚め覚める、仏面祖面」が生きた仏さまだ。それが覚知だ。

『往々に古老先徳、あるいは西天に往還し、あるいは人天を化道する、漢唐より宋朝にいたるまで、稲麻竹葦のごとくなる、おほく風火の動著を仏性の知覚とおもへる、あはれむべし、学道転疎なるによりて、いまの失誤あり。いま仏道の晩学初心、しかあるべからず。たとひ覚知を学習すとも、覚知は動著にあらざるなり。たとひ動著を学習すとも、動著は恁麼にあらざるなり』

これは私が最初に話した通りのことで、説明には及ばないと思う。いまの時代でも仏性ということの仏典的典拠さえも調べてみずに、正法眼蔵「仏性」巻を講義している先生方が多すぎる。覚知というとみんな意識の働きぐらいに考えているが、そんな頭の先っぽで思ったこと考えたことを仏教では覚知といわないのだ。たとえば自動車が走るのはなぜか。みんなガソリンが燃焼するからぐらいに考えているけれど、もう一歩踏み込んでそのガソリンを燃焼せしめているものはなんなのか考えなければならない。そうすると、それは人間が作り出した力ではない。大自然の天地一杯の力が働いているからこそガソリンが爆発する。人間の意識の動きもそうです。オレがこう考えようと思って考えられる代物ではない。やっぱり大自然の天地一杯の力が働いているからこそ考えるのです。そういう根本を知って、その天地一杯の生命実物を拝み生命実物に帰らなければならない。それで初めて畢竟帰運転だし、本当の覚知だ。

『もし真箇の動著を会取することあらば、真箇の覚知覚了を会取すべきなり。仏之与性、達彼達此なり』

だからもし「真箇の動著」を学習するからには、動不動に分かれる以前の力が働いて初めて動著ということがあると知るべきだ。動不動分かれる以前の処といったら、覚不覚分かれる以前、会取不会取分かれる以前でこれはなんともいえない。そういう一切分かれる以前の生命実物にアタマ手放し刻々覚め覚めることが、真箇の覚知覚了です。

そこでは「仏之与性、達彼達此」だ。これは仏と性と彼に達し此に達するということ。つまりふつうはすでに成仏した人を仏といい、仏になるべき可能性を衆生が具足しているという意味で性という。そして衆生は悉く仏の性（可能性）ありと思っている。ところがいまはそうではない。本当は衆生の全体がもうそのまま生命実物であって、仏と性と別に異なることはない。仏と性と達彼達此だ。

『仏性かならず悉有なり、悉有は仏性なるがゆゑに。悉有は百雑砕にあらず、悉有は一条鉄にあらず。拈拳頭なるがゆゑに大小にあらず。すでに仏性といふ、諸聖と斉肩なるべからず、仏性と斉肩すべからず』

一旦坐禅したかぎりは、世間的な世界がガラリと変わってすべてが仏法的意味になる。そういう坐の尽界人、仏法の尽界人としては、仏性という畢竟帰運転が必ず私の人生なのだ。私の人生は刻々畢竟帰運転していくのみなのだと、そこに決まることが大切です。

「百雑砕」とは、バラバラたくさんあるということで、外から第三者として観察したものの言い方です。ところが悉有というのは自己なのだ。自己尽有尽界時々というかぎり、もう絶対的な一元だ。さりとて「一条鉄」といって、外から見て一元というのも当たらない。だいたい一とか百とか二つに分かれる以前こそが悉有だ。

それで結局は手元足元、行動そのものという意味で「拈拳頭」という。古来禅門で拳頭を拈起する（握りこぶしを振り上げる）ということは仏性そのものなのです。それなのに、仏性を何か空間的に大きいものと考えたら違う。それはいま私の手元足元のナマナマしい行動なのだから、大きいとも小さいとも分かれる以前だ。

だから二つに分けて肩比べしようにも、一切二つにはならない。自分自身が自分自身と二つになることはできないように、仏性が仏性と肩並べはできない。

『ある一類おもはく、仏性は草木の種子のごとし。法雨のうるひしきりにうるほすとき、芽茎生長し、枝葉花菓もすことあり。果実さらに種子をはらめり。かくのごとく見解する、凡夫の情量なり。たとひかくのごとく見解すとも、種子および花果、ともに条々の赤心なりと参究すべし。果裏に種子あり、種子みえざれども根茎等を生ず。あつめざれどもそこばくの枝条大囲となれる、内外の論にあらず、古今の時に不空なり。しかあれば、たとひ凡夫の見解に一任すとも、根茎枝葉みな同生し同死し、同悉有なる仏性なるべし』

ところが仏性を仏の種子、性質ぐらいに考えている人がいるわけだ。そして仏法という雨にうるおってその種子が芽を出し枝葉や花や実をつけるようなことを考えている人が多いが、それは凡夫の考えだというほかはない。

しかしたとえそういう考えに一任するにしても、この場合種子は種子なりに畢竟帰運転、果実は果実なりに畢竟帰運転していくということが参究のしどころだ。小僧が修行するのは和尚になるためではない。小僧は小僧として畢竟帰運転、托鉢のときは托鉢なりに畢竟帰運転、畑作務は畑作務なりに畢竟帰運転、初発心から成正覚までどこもかしこも仏性の畢竟帰運転をただやっていくことだ。

決して内に仏性という固まりがあって、それが成長して外に現われるという内外の話ではない。種子があって根茎を生じてやがて枝葉がしげるといっても、これはみんな縁による。ただ一所懸命に畢竟帰運転をやっているところ、因縁所生法として時間中に現われてくるだけだ。

そうしてみれば、すべて仏性なのであって、仏性そのものが縁に従い時によって顔を出すというようなものではない。そこにあるのは畢竟帰運転のみであり、たとい凡夫の考えに一任して根茎枝葉の成長をいうにしても、根茎枝葉それぞれが畢竟帰運転に同生同死同悉有なる仏法人生のみだ。

〈二〉当観時節因縁の章

——疑っている時節そのものがやっぱり仏性だ

仏言、「欲知仏性義、当観時節因縁。時節若至、仏性現前」。

（仏の言く、「仏性の義を知らんと欲はば、まさに時節因縁を観ずべし。時節若し至れば、仏性現前す」）

いま「仏性義をしらんとおもはば」といふは、ただ知のみにあらず、行ぜんとおもはば、証せんとおもはば、とかんとおもはばとも、わすれんとおもはばともいふなり。かの説・行・証・亡・錯・不錯等も、しかしながら時節の因縁なり。時節の因縁を観ずるには、時節の因縁をもて観ずるなり。払子・拄杖等をもて相観するなり。さらに有漏智・無漏智、本覚・始覚、無覚・正覚等の智をもちゐるには観ぜられざるなり。

「当観」といふは、能観・所観にかかはれず、正観・邪観等に準ずべきにあらず、これ当観なり。当観なるがゆゑに不自観なり、不他観なり。時節因縁聻なり、超越因縁なり。仏性聻なり、脱体仏性なり。仏々聻なり、性々聻なり。

「時節若至」の道を、古今のやから往々におもはく、仏性の現前する時節の向後にあらんずるをまつなりとおもへり。かくのごとく修行しゆくところに、自然に仏性現前の時節にあふ。時節いたらざれば、参師問法するにも、辦道功夫するにも、現前せずといふ。恁麼見取して、いたづらに紅塵にかへり、むなしく雲漢をまぼる。かくのごとくのたぐひ、おそらくは天然外道の流類なり。いはゆる「欲知仏性義」は、たとへば「当知仏性義」といふなり。「当観時節因縁」といふは、「当知時節因縁」といふなり。いはゆる仏性をしらんとおもはば、しるべし、時節因縁これなり。「時節若至」といふは、「すでに時節いたれり、なにの疑著すべきところかあらん」となり。疑著時節さもあらばあれ、還我仏性来（我れに仏性を還し来れ）なり。しるべし、「時節若至」は、十二時中不空過なり。「若至」は、「既至」といはんがごとし。時節若至すれば、仏性不至なり。しかあればすなはち、時節すでにいたれば、これ仏性の現前なり。あるいは其理自彰なり。おほよそ時節の若至せざる時節いまだあらず、仏性の現前せざる仏性あらざるなり。

『仏言、「欲知仏性義、当観時節因縁。時節若至、仏性現前」。（仏の言く、「仏性の義を知らんと欲はば、まさに時節因縁を観ずべし。時節若し至れば、仏性現前す」）

いま「仏性義をしらんとおもはば」といふは、ただ知のみにあらず、行ぜんとおもはば、証せんとおもはば、とかんとおもはばとも、わすれんとおもはばともいふなり』

ここで「仏言」というのは、大般涅槃経第二十八の師子吼品に出てくる言葉です。

だいたい、いままで話してきたように、仏性というのは生命実物の話だ。これは自己尽有尽界時々であって、知る知られる一切二つに分かれる以前だ。だから本当に「知」るということは、手元足元で「行」ずること、事実やってはっきりすること、実物することによって「説」くこと、自己が万法に「証」されていること、つまり自己尽有尽界時々が自己尽有尽界時々して「亡」れていることだ。それを当観時節因縁という。

『かの説・行・証・亡・錯・不錯等も、しかしながら時節の因縁なり。時節の因縁を観ずるには、時節の因縁をもて観ずるなり。払子・拄杖等をもて相観するなり。さらに有漏智・無漏智、本覚・始覚、無覚・正覚等の智をもちゐるには観ぜられざるなり』

とにかく自己尽有尽界時々を生きているかぎり、あれもこれもであって、たとえ「錯」った、間違ったといっても、間違ってどこへ行くわけではない。そこも自己尽有尽界時々なのだ。

そういう自己尽有尽界が時々する「時節の因縁を観じ」ようと思ったら、能観所観分かれる以前のいまこの実物をもって観じなければならない。「払子」（もとは獣毛・綿などの柔らかい毛を束ねて柄をつけ蚊などを払うもの）とか「拄杖」（行脚のときに使う杖）という日常の手元足元の行動で観じていくほかかない。

それは「有漏智」（生存競争のための智慧）や「無漏智」（灰身滅智を願う二乗の智慧）、「本覚」（本来具わっている覚り）や「始覚」（修行して初めて得られる覚り）、「無覚」（一切の知覚分別を離れたも界時々というのは刻々にいきいきしているのだ。

『「当観」といふは、能観・所観にかかはれず、正観・邪観等に準ずべきにあらず、これ当観なり。当観なるがゆゑに不自観なり、不他観なり。時節因縁聻なり、超越因縁なり。仏性聻なり、脱体仏性なり。仏々聻なり、性々聻なり』

「当観」の当はズバリそのものという意味で、正当とか当人の当です。これは生命実物そのものにつかり込んで分別以前で観ることだから、「能観所観」二つに分かれる以前だ。あるいは価値判断的にみて「正」か「邪」か、あれかこれかと分けるようなものではない。自己の身心、他己の身心を脱落した自と他と二つに分かれる以前の生命実物の話です。

「時節因縁聻なり、超越因縁なり」とは、聻はのみということ、すべては因縁によって起こるのだけれど実際に行じている実物実行のところでは因縁を超えている。ナニナニだからこうなったというのは観察者がいう話で、本当に当の本人が事実やっているときは、これ事実因縁を超えてしまっている。

同じように仏性といったら仏性だけだから、仏性が仏性を超えてしまっている。仏性と聞いて仏と性と二つあるように思ったら間違いで、仏といえば「仏々のみ」、性といえば「性々のみ」というのが実物の在り方だ。

『「時節若至」の道を、古今のやから往々におもはく、仏性の現前する時節の向後にあらんずるをまつなりとおもへり。かくのごとく修行しゆくところに、自然に仏性現前の時節にあふ。時節いたらざれば、参師問法するにも、辦道功夫するにも、現前せずといふ。恁麼見取して、いたづらに紅塵にかへり、むなしく雲漢をまぼる。かくのごとくのたぐひ、おそらくは天然外道の流類なり』

「時節若至」を「時節若し至れば」と読んで、時節さえ来ればオレだって自然に悟れるだろう、時節が熟さなかったら何をやっても悟れないのだから、まあ還俗して待っていようぐらいに考えてしまう。そんなのは天然外道の考え方だ。

『いはゆる「欲知仏性義」は、たとへば「当知仏性義」といふなり。「当観時節因縁」といふは、「当知時節因縁」といふなり。いはゆる仏性をしらんとおもはば、しるべし、時節因縁これなり。「時節若至」といふは、「すでに時節いたれり、なにの疑著すべきところかあらん」となり。疑著時節さもあらばあれ、還我仏性来（我れに仏性を還し来れ）なり』

知らんと欲せばというと、仏性がどうしても向こう側に置かれてしまう。そうではなく「欲知仏性義」とは正当仏性義、「当知仏性義」。当観時節因縁は正当時節因縁、「当知時節因縁」でなければならない。当知はまさしくそれに当たっているということで、仏性が仏性する、時節因縁が時節因縁する、時々が時々するだけだ。仏性とはアタマ手放し覚め覚めて畢竟帰運転することといったけれど、それは自己尽有尽界時々が自己尽有尽界時々に刻々覚めることにほかならないから、仏性とは「時節因縁これなり」だ。

道元禅師はすべてを仏法として読まれる。若は「もし〜すれば」の意味ではなく、「かくの如し」の意味です。だから時節若至はもう時節がそのように至っている。それだったら「疑著すべき」ものは何もない。いやたとえ疑っているといっても、その疑っている時節そのものがやっぱり仏性だ。疑うという生命実物がそこに働いている。結局、生命実物から外へ飛び出そうとしても飛び出しようがない。それが分からなければ疑いはさもあらばあれ「還我仏性来」——我れに仏性を還し来れ。閑名目でしかない仏性なら奪い尽くされねばならない。

『しるべし、「時節若至」は、十二時中不空過なり。「若至」は、「既至（きし）」といはんがごとし。時節若至すれば、仏性不至なり。しかあればすなはち、時節すでにいたれば、これ仏性の現前なり。あるいは其理自彰（ごりじしょう）なり。おほよそ時節の若至せざる時節いまだあらず、仏性の現前せざる仏性あらざるなり』

この時々が時々することは、まったく空しく過ごすというときがない。時節と仏性は同じことなのだから、時節が至ったら仏性は至らない。仏性が至ったら時節は至らない。もう時節ぎり、仏性ぎりということです。そこに仏性の道理が自ら彰われている。

「時節の若至せざる時節いまだあらず」ということも、どっちへどう転んでも仏性の真只中にあるということだ。だから仏性とは何か手の届かない神秘的なものなんだと、向こう側に置いて考えたら外れてしまう。誰でも彼でも自己尽有尽界時々の生命実物をこうして生きている。

〈三〉仏性海の章
——山も河も畢竟帰運転の場としてある

第十二祖馬鳴尊者、十三祖のために仏性海をとくにいはく、「山河大地皆依建立、三昧六通由玆発現（山河大地皆依って建立し、三昧六通玆に由って発現す）」。

しかあれば、この山河大地、みな仏性海なり。「皆依建立」といふは、建立せる正当恁麼時、これ山河大地なり。すでに「皆依建立」といふ、しるべし、仏性海のかたちはかくのごとし。さらに内外中間にかかはるべきにあらず。恁麼ならば、山河をみるは仏性をみるなり、仏性をみるは驢腮馬觜をみるなり。「皆依」は全依なり、依全なりと会取し、不会取するなり。

「三昧六通由茲発現」。しるべし、諸三昧の発現未現、おなじく皆依仏性なり。全六通の由茲不由茲、ともに皆依仏性なり。六神通はただ阿笈摩教にいふ六神通にあらず。六といふは、前三々後三々を六神通波羅蜜といふ。しかあれば、六神通は明々百草頭、明々仏祖意なりと参究することなかれ。六神通に滞累せしむといへども、仏性海の朝宗に罣礙するものなり。

この第三章では、生命実物という絶対一元の大海においてみんな生きていることを説く。ところでこの生命実物という言葉、あるいは諸法実相の実相、真如実際の実際——これを英語に翻訳するといつでも「レアル」以外に訳しようがないらしい。レアリズムのレアルです、ところが私のいう生命実物と西洋のレアリズムのレアルとは根本的に違う。その違いが口のここまで出ていながら、なかなかズバリといえない。それが長年あたためてきて最近ようやくはっきりズバリといえるようになったのでお話したい。皆さんも私が苦心しただけは骨折って聞いてほしい。

だいたい西洋人というのは、いつでもものを二つに分けて考えるという頭の構造をもっているようです。それであらゆるものを二つに分け別けていくから、確かに物事がはっきり分かる。

つまり事態を明瞭にするためには、ものを分けて定義するということが大切だ。定義というのは、たとえば存在ということをはっきりさせるためには、無をはっきりさせなければならない。無じゃない存在、ということによって存在が初めてよく分かる。そして存在をまた分けて物と心にする。物をはっきりさせるためには、心じゃない物、という。この二つの違いを種差、二つ含めたものを類と呼び、類プラス種差が定義の定義だ。

こういうふうにものを分けて考える西洋人の根本に何があるのか振り返ってみると、「主観と客観」あるいは「自分と世界」という対立するものが、絶対相容れないものとして前提されている。西洋哲学の出発点となる認識論の第一ページを開いてごらんなさい。その初端に「認識主体」と「認識の対象」の二つが厳然として出てくる。そしてこの両者が関係し合うところに一つの認識経験が起こるという。見る人と見られたものと関係し合うことによって初めて認識ということが体験されるというわけです。

ところが、この西洋認識論の初めになんの疑いもなく置かれている「主観と客観」「自分と世界」「能と所」というもの――じつはこういうふうに分けるのは一つの仮定でしかない。それに気づかないほど当たりまえのこととしてもう前提され切っているだけだ。

そして西洋のレアリズムのレアルとは、こうして二つを予め分けた上での客体の側のことをレアルというのです。ふつうわれわれの日常会話でも「それそこにある実物が……」というように、実物という言葉を向こう側に使う。これもすでに「見る」「見られる」の主客を分けた上で、向こう側に在るもののことをいっている。

しかしいま私のいう生命実物、仏教でいう諸法実相、真如実際というのはコレではない。決して自他、能所、主客と分けた上での向こう側のものではない。

かえって自他、能所、主客が分かれる以前、この全体の多様な世界が分かれる以前こそ、ナマナマしい実物実相実際なのだ。だから一切何から何まで分かれる以前——「見る」と「見られる」と分かれる以前、「自分」と「他者」と分かれる以前、「有る」と「無い」と分かれる以前、「生」と「死」と分かれる以前、「迷い」と「悟り」と分かれる以前、「幸福」と「不幸」と分かれる以前、「合格」と「不合格」と分かれる以前、そういう生命実物だ。それではすべてが混沌として何も分からないのかというと「ほらこの通り、明々としてありのまま」という。これが「諸法実相」だ。あるいは一切分かれる以前の不去不来（ふこふらい）のなかで如去如来（にょこにょらい）している「真如実際」だ。

こうしてレアルと実物実相実際の違いがはっきりしたことは大したことなのです。というのは、これで初めてこの仏教の言葉が英語にも翻訳できるということです。だいたい分かれる以前の実物などというものを、西洋人はまったく思い付きもしなかったのだから、言葉がないのは当たりまえだ。それで仕方がないからレアルという言葉で翻訳するしかないが、そこには是非ともいまいったような違いを注釈として付け加えなければならない。

しかしこの話がすばらしいのは、そんな翻訳だけのことではない。いま大切なのは、もっとわれわれ自身の宗教生活の問題として、これはすばらしい話なのです。

それはどういうことかというと、こういう生命実物の在り方をはっきり認識してくれば、「いや私はお粗末な人間でして、生命実物なんかにはとても到達できません」と、誰も卑下することはできないということだ。お粗末はお粗末なりにそういう諸法実相、そういう生命実物だ。卑下するなら卑下なりに生命実物、そういう諸法実相だ。

そうしてみると、ここが仏法の有難いところだね。そこには不合格とか落ちこぼれはあり得ないのだ。不合格、落ちこぼれがなければこそ宗教だ。悟ったやつだけが救われ、迷っている凡夫は救われぬというのなら、合格不合格の話であって、まるで受験地獄と変わらなくなってしまう。それではもう遍(あまね)き宗教とは呼べなくなる。

本当はそうではない。誰でも彼でもどっちへどう転んでも絶対一元の生命実物を生きている。もうここからは逃れようがない。落ちこぼれようがない。そしたら、そこにもう決まらざるを得ない。これが「畢竟帰」です。人生とはこのように「落ち着くよりほかない処に落ち着く」という畢竟帰運転の場であるということが、一切衆生悉有仏性という第一章の話でした。

ところが、そういう生命実物は「常に非ず滅に非ず」で、時々刻々に畢竟帰運転をしていかなければならない。その話が第二章の当観時節因縁の話でした。

そしてこの第三章では、いまわれわれ生命実物として落ちこぼれようのない絶対一元でありながら、それはベッタリ一面ということではなく、この絶対一元は一元と二元と分かれる以前、一元と多元と分かれる以前なのだから、同時に何から何まであらゆるものの出現だということです。だから仏性という絶対一元の大海は「山河大地皆依建立、三昧六通由茲発現」として現われてくる。

この絶対一元の仏性海に生きるということは、道元禅師の仏法の根本であるといっていいと思う。それというのは道元禅師に一生随侍され「正法眼蔵随聞記」を書かれた二祖懐奘禅師は、ご自身の本としてはたった一冊「光明蔵三昧」を書き残されただけですが、澤木老師はこの光明蔵三昧を提唱されるとき、必ず次のような前置きをされたものです。

「懐奘禅師はご開山がすでに正法眼蔵において仏法の全部を説きぬかれていたので、もはや自分としては何もいうことはなかった。しかしながら『ご開山の一番大切な処はここだ』ということだけは、どうしても書き残しておかなければならないというお気持でこの光明蔵三昧を書かれたのである」

その本の初めに次のようなくだりがあります。

「それ光明蔵とは、諸仏の本源、衆生の本有、万法の全体にて、円覚の神通大光明蔵なり。三身、四智、普門塵数の諸の三昧も、みな此の中より顕現す」

つまり仏法において一番大切なのは、光明蔵三昧だということです。その光明蔵三昧とは、一切諸仏、一切衆生の根本であって、あらゆる働きは皆そこから出てくる。

ただついでにいっておきますが、光明というと仏さんの光背のように何かピカッと光るものだと決め込んでいる人がいるけれど、そんな物理的な光を考えていたら仏法の話にはならない。そんなことではなく、いま事実われわれが絶対一元の生命実物を生きているというのが途方もない大光明なのです。この大光明の深さを深めつつ生きるのが光明蔵三昧ということです。蔵とは本来は蔵(かく)すという意味で、もっていても隠れている。だから一つの深さだ。仏家の面目はこの光明蔵三昧に生きることである。

そんな光明蔵三昧について書かれた懐弉禅師の文と、ここに出てきた「山河大地皆依建立、三昧六通由茲発現」という言葉とは、ピッタリ符合しています。つまりこの第三章仏性海の話は、懐弉禅師のいわれる絶対一元の生命実物に深まりつつ生きる「光明蔵三昧」の話と思い合わせざるを得ない。そういうつもりで読んでいきたい。

それに対して「そういう光明蔵三昧は長い仏道修行によって初めて得られる深い境地」などと思うとしたら、途端に向こう側のお伽話になってしまって、話はまるっきりスッ飛んでしまう。

いま絶対事実として、われわれどっちへどう転んでも落ちこぼれようのない生命実物を生きているのだ。だからこそこの生命実物を時々刻々できるだけ行じていく畢竟帰運転こそが、光明蔵三昧の真只中です。この光明蔵三昧を光明蔵三昧としていかに深めていくか、それだけだ。これは「現成公案」巻でいえば「現在が現在に成るという当たりまえの深さ」を深めていくことでもある。そうなってくると、いったいどうなるのかというと、只管というほか仕方がない。道元禅師の根本は結局只管ですよ。だから決して他人の話にしたり観念的な話にしてしまわないで、いま私自身の宗教生活の話として身をもって読んでいかなければなりません。

　『第十二祖馬鳴尊者、十三祖のために仏性海をとくにいはく、「山河大地皆依建立、三昧六通由茲発現（山河大地皆依って建立し、三昧六通茲に由って発現す）」』

　これは山や河や大地、ありとあらゆるものが生命実物としてあるということだ。生命実物としてあるとは、初めにあるのも後にあるのももう全部これだけ、たった一つの生命実物だけである。それを西洋流のように主体と客体の二つに分けたらもう話は死んでしまう。たとえば、お医者さんが人体を解剖したあげく人体が分かったというけれど、それでは解剖した人体をつなぎ合わせて生き返るのかといったら生き返らない。そうするといまの西洋医学というのは、根本からして生きない話をしているということだ。どうせ分解してしまったらもう死んでいる。

　それに対して仏教でいう生命実物というのは、ナマナマしく生きている。世界は私に生命体験されるから在り、世界を生命体験するところに私は初めて生きている。そういうたった一つのナマの生命実物体験だけだ。それを一応、心という主観と法という客観に分けることもできる。しかしながらあくまで「心法一如」「一心一切法、一切法一心」としての心であり、法です。

「三昧」とは定とか等持と訳しますが、すべてのものを一処に定めて動かぬというのが定、すべてを等しく持つという意味で等持という。要するに万法をいま私の生命実物というものにすべておさめているということだ。

「六通」とは、仏菩薩が定慧の力によって得る六種の力で、神足通・天眼通・天耳通・他心通・宿命通・漏尽通のこと、つまりすべての働きをさす。それらすべては生命実物あるいは仏性という絶対一元として発現する。

『しかあれば、この山河大地、みな仏性海なり。「皆依建立」といふは、建立せる正当恁麼時、これ山河大地なり。すでに「皆依建立」といふ、しるべし、仏性海のかたちはかくのごとし。さらに内外中間にかかはるべきにあらず。恁麼ならば、山河をみるは仏性をみるなり、仏性をみるは驢腮馬觜をみるなり。「皆依」は全依なり、依全なりと会取し、不会取するなり』

いまわれわれの住んでいる処すべては絶対一元の生命実物という畢竟帰運転の場だ。「建立せる正当恁麼時」とは、生命実物それそのものということ。それはそのままいまの「山河大地」として現われているのだ。性というものだから内側にあるものと思ってはならない。内も仏性、外も仏性、その中間も仏性、全部が全部仏性だ。畢竟帰運転というのも、運転する内側の私と、運転していく外側の世界の二つがあるのではない。絶対一元の大光明のなかに生きているから、それをただ深めていくという意味の運転だ。

だから事実いま山や河や大地を見るのはみんな仏性を見ている。「驢腮」（ロバのあご）も「馬觜」（馬の口）も、つまり、われわれが当たりまえに目にする眼前の法も仏性を見るのだ。すべて覚め覚め畢竟帰運転の場としての生命実物を見るのである。

「皆依」というといかにも依りかかるものと依りかかられるものという能所二つがあるような響きがするので、「全依」、「依全」といって打ち消しているわけだ。「会取」もそれだけでは片手落ちなので「不会取」を出してきて両頭を打し、あらゆる意味で絶対一元、何から何まで仏性であるという。

『「三昧六通由茲発現」。しるべし、諸三昧の発現未現、おなじく皆依仏性なり。全六通の由茲不由茲、ともに皆依仏性なり。六神通はただ阿笈摩教にいふ六神通にあらず。六といふは、前三々後三々を六神通波羅蜜といふ。しかあれば、六神通は明々百草頭、明々仏祖意なりと参究することなかれ。六神通に滞累せしむといへども、仏性海の朝宗に罣礙するものなり』

要するにもう仏性から逃れられない。生命実物から転がり出ようがない。落ちこぼれようがない。落第しようがない。どっちへどう転んでも、私は駄目ですと思おうと思うまいと、みんな仏性という大光明の真只中に生きているということ――これは間違いないことです。これを知っただけでも今日来た甲斐がありますよ。

「阿笈摩教」というのは阿含経のことです。そこに出てくる六神通というのは何かふつうの人にできない神秘的な神通力として、たとえば天眼通なら超自然的な眼で死後の世界さえも見通すことができるように書いてある。ところがいま仏法としての六神通というのはそんな意味ではない。

ではどんな意味かといえば、正法眼蔵「神通」の巻にこんな話が出てきます。潙山霊祐禅師が昼寝をしていたらそこへ仰山が入ってきた。潙山はその気配に気が付いたけれど、ちょっと体裁が悪いと思ったのか、寝返りをうって横を向いてしまった。それで仰山が「弟子でございます。そんなに体面をつくろっていただかなくても結構でございます」といって出ていこうとしたら、潙山がやおら起き上がって、「いま一つの夢を見たので、お前さん夢判断をしてくれないか」といった。

そしたら仰山がすっと消えて、洗面の水と手拭いをもってきた。潙山はそれで顔を洗い目を覚ました。そこへやはり弟子の香厳が入ってきたので、潙山が「いま仰山のすばらしい神通を見たところだ」といったら、今度は香厳が出ていっておいしくいれたお茶をもってきた。そしたら潙山は、それを飲みながら「おお貴公たちは舎利弗、目連も及ばない神通力をもっているな」といってほめたという。

仏法としての本当の神通とはそういうものです。よく考えてごらんなさい。われわれが一日行動しているその何から何までがすばらしい神通力だもの。私もいずれ中風か何かでベッタリ寝込むだろうけれど、そのとき誰かが今日の私の提唱テープを聞かせてくれたなら、「ああ、あのころはすばらしい神通力をもって喋っていたなあ」と思うに違いない。本当にこうして一応思うように話せるというのは大きな神通力です。

「六といふは、前三々後三々を六神通波羅蜜といふ」——「六」というのは、ただ仏性をもって談ずべき「六」であって、そのとき前三々後三々という。つまりあれもこれも数限りなくあるということ、非数量、無限だということです。出会う処すべて、一切処が六神通の働きだ。

「明々百草頭、明々仏祖意」とは龐居士(ほうこじ)がいった言葉で、明らかな百本の草どれもこれもが、明々たる仏さまの現われだという意味です。だから六神通は明々百草頭、明々仏祖意でよさそうなのだけれど、そう「参究することなかれ」というのはなぜか。ここの処を西有禅師の啓迪は面白く説いている。

「神通というとき仏性という借り物はいらぬ。仏祖意などというものをもってきてくっ付けるには及ばぬ」

要するに只管のみ、ただ只管のみということだ。神通といったかぎり神通が事実働いているのであって、もうただ働くだけだ。そこへ仏性とか仏祖意とか余計なものをくっ付けるには及ばない。絶対一元のなかでは、その只管よりほかに何もない。

「六神通に滞累せしむといへども、仏性海の朝宗に罣礙するものなり」――滞累とか罣礙というと、滞っている、妨げられるということで世間的には悪い意味に使っていますが、ここでは滞累するのも仏性、罣礙するのも仏性、結局仏性海に朝宗帰入する以外にはないということです。だから滞累しようが罣礙しようが、仏性海の真只中で仏性は仏性だ。もうずんぶり絶対一元の生命実物であるかぎり只管畢竟帰運転のみ、只管天地一杯のいのちを扇ぎ出すのみだ。

〈四〉 汝何姓汝無仏性の章

――クソまるけで寝ていても完結した自己だ

五祖大満禅師、蘄州黄梅人也。無レ父而生、童児得レ道、乃栽松道者也。初在二蘄州西山一栽レ松、遇二四祖出遊一。告二道者一、「吾欲レ伝二法与一レ汝、汝已年邁、若待二汝再来一、吾尚遅レ汝」。師諾。遂往二周氏家女一托生。因抛二濁港中一。神物護持、七日不レ損。因収養矣。至二七歳一為二童子一、於二黄梅路上一逢二四祖大医禅師一。祖見レ師、雖二是小児一、骨相奇秀、異二乎常童一。祖見問曰、「汝何姓」。師答曰、「姓即有、不二是常姓一」。祖曰、「是何姓」。師答曰、「是仏性」。祖曰、「汝無仏性」。師答曰、「仏性空故、所以言レ無」。祖識二其法器一、俾レ為二侍者一、後付二正法眼蔵一。居二黄梅東山一、大振二玄風一。

（五祖大満禅師は、蘄州黄梅の人なり。父無くして生る、童児にして道を得たり、乃ち栽松道者なり。初め蘄州の西山に在りて松を栽ゑしに、四祖の出遊に遇ふ。道者に告ぐ、「吾れ汝に伝法せんと欲へば、汝已に年邁ぎたり。若し汝が再来を待たば、吾れ尚汝を遅つべし」。

師、諾す。遂に周氏家の女に往いて托生す。因みに濁港の中に抛つ。神物護持して七日損せず。因みに収りて養へり。七歳に至るまで童子たり、黄梅路上に四祖大医禅師に逢ふ。

祖、師を見るに、是れ小児なりと雖も、骨相奇秀、常の童に異なり。

祖、見て問て曰く、「汝何なる姓ぞ」。

師答へて曰く、「姓は即ち有り、是れ常の姓にあらず」。

祖曰く、「是れ何なる姓ぞ」。

師答へて曰く、「是れ仏性」。

祖曰く、「汝、無仏性」。

師答へて曰く、「仏性空なる故に、所以に無と言ふ」。

祖、其の法器なるを識って、侍者たらしめて、後に正法眼蔵を付す。黄梅東山に居して、大きに玄風を振ふ）

しかあればすなはち、祖師の道取を参究するに、「四祖いはく汝何姓」は、その宗旨あり。むかしは何国人の人あり、何姓の姓あり。なんぢは何姓と為説するなり。たとへば吾亦如是、汝亦如是と道取するがごとし。

五祖いはく、「姓即有、不是常姓」。

いはゆるは、有即姓は常姓にあらず、常姓は即有に不是なり。

「四祖いはく是何姓」は、何は是なり、是を何しきたれり。これ姓なり。何ならしむるは是のゆゑなり。是ならしむるは何の能なり。姓は是也（ぜや）、何也（かや）なり。これを蒿湯（こうとう）にも点ず、茶湯（さとう）にも点ず、家常の茶飯（さはん）ともするなり。

五祖いはく、「是仏姓」。

いはくの宗旨は、是は仏性なりとなり。何（か）のゆゑに仏なるなり。是は何姓のみに究取しきたらんや、是すでに不是のとき仏姓なり。しかあればすなはち是は何なり、仏なりといへども、脱落しきたり、透脱しきたるに、かならず姓なり。その姓すなはち周なり。しかあれども、父にうけず祖にうけず、母氏（もし）に相似ならず、傍観に斉肩ならんや。

四祖いはく、「汝無仏性」。

いはゆる道取は、汝はたれにあらず、汝に一任すれども、無仏性なりと開演するなり。しるべし、学すべし、いまはいかなる時節にして無仏性なるぞ。仏頭にして無仏性なるか、仏向上にして無仏性なるか。七通を逼塞することなかれ、八達を摸揀することなかれ。無仏性は一時の三昧なりと修習することもあり。仏性成仏のとき無仏性なるか、仏性発心のとき無仏性なるかと問取すべし、道取すべし。露柱をしても問取せしむべし、露柱にも問取すべし、仏性をしても問取せしむべし。

しかあればすなはち、無仏性の道、はるかに四祖の祖室よりきこゆるものなり。黄梅に見聞し、趙州に流通し、大潙に挙揚す。無仏性の道、かならず精進すべし、趑趄することなかれ。無仏性たどりぬべしといへども、何なる標準あり、汝なる時節あり、是なる投機あり、周なる同生あり、直趣なり。

五祖いはく、「仏性空故、所以言無」。

あきらかに道取す、空は無にあらず。仏性空を道取するに、半斤といはず、八両といはず、無と言取するなり。空なるゆゑに空といはず、無なるゆゑに無といはず、仏性空なるゆゑに無といふ。しかあれば、無の片々は空を道取する標榜なり、空は無を道取する力量なり。いはゆるの空は、色即是空の空にあらず。色即是空といふは、色を強為して空とするにあらず、空をわかちて色を作家せるにあらず。空是空の空なるべし。空是空の空といふは、空裏一片石なり。しかあればすなはち、仏性無と仏性空と仏性有と、四祖五祖、問取道取。

『五祖大満禅師は、蘄州黄梅の人なり。父無くして生る、童児にして道を得たり、乃ち栽松道者なり。初め蘄州の西山に在りて松を栽ゑしに、四祖の出遊に遇ふ。道者に告ぐ、「吾れ汝に伝法せんと欲へば、汝已に年邁ぎたり。若し汝が再来を待たば、吾れ尚汝を遅つべし」。師、諾す。遂に周氏家の女に往いて托生す。因みに濁港の中に抛つ。神物護持して七日損せず。因みに収りて養へり』

五祖の大満禅師は前生は松を植える人だったらしい。ところが西山で松を植えていたときに四祖に出会って、「お前をわしの弟子にしてお前に仏法を伝えたいと思うが、お前は少し年をとり過ぎている。お前が生まれ変わって若くなってくるのなら待っててやろう」といわれた。

それで五祖は周という家の娘さんのお腹へポンと入ってしまったわけだ。処女懐胎ということが何もイエスさまの専売特許でないことがこれでよく分かる。ところがこれは問題だ。父(てて)なし子は困るというのでクリークのなかに捨てられてしまった。でも不思議な力がその赤ちゃんを守っていて、七日たっても死なない。それでまた拾って育てた。

『七歳に至るまで童子たり、黄梅路上に四祖大医禅師に逢ふ。
祖、師を見るに、是れ小児なりと雖(いえど)も、骨相奇秀、常の童に異なり。
祖、見て問て曰く、「汝何(いか)なる姓(しょう)ぞ」。
師答へて曰く、「姓は即ち有り、是れ常の姓にあらず」。
祖曰く、「是れ何なる姓ぞ」。
師答へて曰く、「是れ仏性」。
祖曰く、「汝、無仏性」。
師答へて曰く、「仏性空なる故に、所以(ゆえ)に無と言ふ」。

祖、其の法器なるを識って、侍者たらしめて、後に正法眼蔵を付す。黄梅東山に居して、大きに玄風を振ふ』

四祖の大医禅師がその子を見るに、小さいけれどちょっとふつうの面構えじゃない。それで名前を聞いたら「仏性」という。「お前なんかに仏性があるものか」と四祖がいうと、その小ちゃい子が「いや仏性が空だから無というんでしょ」と答えた。――とまあ一応の表面的な意味はこうです。

ところが、この問答を表面的な世間話でなく仏法として読み直し、仏法として味わってみたらどうなのか。それが以下の道元禅師の話になるわけですが、ではいったい、その仏法の話と世間話とは根本的にいってどこが違うのか。それをまず一口にいうとしたら、ナマナマしい自己の中味を生きているのか、それとも他とのカネアイにおいて分別した外側だけを大切にして生きているのかということになる。だいたいわれわれ、実際には二つに分かれる以前の力で生きているのに、二つに分かれた後の話しか思い浮かばないのは、人間は初めから人間性という分別的メガネをかけて見ているからです。それでいつも主観と客観、こちら側の観念と向こう側にある物というふうに分け別れた後の世界だけしか見えない。

たとえば、私が生まれてきたということを取り上げるときには、もう無生物に対している。そしてたくさんの人のなかで「そういう人たちでないオレ」ということによって、自分というものをはっきりさせていく。つまり自分にいろいろのレッテルをつけているわけです。内山なら内山という名前、女の人に対すれば男というレッテル、妻君に対しては夫、子どもができれば父親、金持に対しては貧乏、有能な人に比べては無能……というふうに、いちいち他と出会ったとき、他とのカネアイで一つずつ自分というものにレッテルを貼って形が決まってくる。これを仏教の言葉では有相という。それでわれわれはなんの疑いもなしにこの外側にできた形を自分だと思っているのです。お互い様そういう外側の有相だけでつきあっているのが世間というものだ。だから世間では「いかに人に見られているか」それだけがみんな問題だもの。それでいかにオレがいいカッコするか、その見せ掛けの演出だけに骨折っている。

私はいつも宇治川べりを歩いているけれど、このごろは妙なふうたいの人種に出くわす。男のくせにパーマをかけて髪を染めたり、なんというか、乞食ルック、囚人ルックと口にしたくなるような服装の人もいる。色気の盛んな男女がそういうことをするのは幼稚なのだからしようがないとは思うけど――いや私自身若いころ特にそうだったから、いま顔が赤くなる思いで見ているのですが、年だけは一人前の社会人となってもみんな他人目を意識してそれだけでやっているから問題だ。その点いまは野菜や果物でも、他のいろんな商品でも、中味や安全性ではなく、いかに見せ掛けをりっぱにするかだけの時代になっている。売れさえすればそれでいいと思っている。

そしてそういう社会についていけない人間は無気力になったり、つまはじきにされて自分の力をなかなか発揮できない。こういう社会的な落伍者はまあ仕方がないから安泰寺へでも行ったらいい。

社会に落伍したからといって実物が悪いのではない。坐禅に出会って、そこで本当にいきいきする人間もいるのだからね。私自身がそうだった。澤木老師について坊主になってから、魚が水を得たように急にいきいきした。ただ社会でも駄目、安泰寺でも駄目となったら、これは本当の落伍者だ。「自分を生きるのは自分以外ないのだから、生きる気になってしっかりやらないと駄目だぞ」。そんな人にはこういってハッパをかけるのだけれど、自分に対して無気力になっていたら本当にどうしようもない。

私のいう生命実物というのは、誰でも彼でもいまここで生きているその中味の話なのだ。それを世間の人は他とのカネアイの見せ掛けばかりに情熱をもっていて、およそ自分自身の中味というのに出会ったことがないのだ。それは坊さんの世界でもそうです。有難そうな振舞いを身につけることが修行だと心得ていたり、あるいは悟りを固定した境地境涯の飾りものにして信者に対する見せ掛けだけに腐心している師家（しけ）もいる。

自己の実物というのはそんな見せ掛けの話ではなく、遠方に置かれた境地境涯の話でもない。みんないま事実そのナマナマしい生命実物を生きているのだということです。そして坐禅とはそういう生命実物にいまここで出会うこと――そうなると生命実物を直接生きているのは私自身なのだから、坐禅とは自分が自分を自分する自受用三昧（じじゅゆうざんまい）ということだ。

ただここで一つ間違ってはならないことは、生命実物は自分ぎりで他とのカネアイなしなのだから、有相という他とのカネアイを剥ぎ取ったあげくの無相のことかと思いがちだ。決してそうではない。他とのカネアイで生きているのも生命実物なのだから、かえって有相無相それぐるみが本当の生命実物です。

これを私がいつも使っている公式でいえば、自己というのは一だ。そしてその一は——、

$$1=\frac{1}{1}=\frac{2}{2}=\cdots\cdots\cdots=\frac{\text{一切}}{\text{一切}}$$

つまり自己はイコール一切分の一切だ。しかしその$\frac{\text{一切}}{\text{一切}}$は、$\frac{1}{\text{一切}}$の個人的私を取り去ってあるものではない。$\frac{\text{一切}}{\text{一切}}$の自己は、この$\frac{1}{\text{一切}}$の社会人としても生きているのだから、それぐるみです。いやそれどころか$\frac{\text{一切}}{\text{一切}}$のいのちを直接生きているのは、$\frac{1}{\text{一切}}$の私が生きているのです。

ある日　夕暮れ

それは全天を画面に
全天の雲を深紅に彩って描き出した
壮大な日没
荘厳な宇宙の夕暮れであった
まるで

一切分の一切である「一なる自己」が
イクォール「零」となる瞬間——
ある日突然　死がやってきたような

これは昨秋九月二十一日夕方、突然大喀血してしまったときの詩です。このときはひどい喀血だった。その夏はいろいろあって、少し無理が重なっていたのですが、その日は蒸し暑かった上にやんごとなきお客さんがあったものだから、ついサービスしすぎたのが悪かった。六時半から喀血が始まって、止血剤を打ったり、家内が懸命に冷やしてくれたのだけれど、翌朝の八時半まで止まらなかった。血というやつはまっ赤ですから、喀血している私にとっては$\frac{\text{一切}}{\text{一切}}$が深紅だ。全天がまっ赤な世界なのだけれど、次の瞬間は深い夜の闇が訪れてくるような、そんな気分だった。そしてとうとう肩で息するようになったので、「こりゃもう最期だ」と思いました。

だから一なる自己は$\frac{\text{一切}}{\text{一切}}$に違いはないけれど、その$\frac{\text{一切}}{\text{一切}}$を直接生きているのは$\frac{1}{\text{一切}}$の自分が支えている。ところがこの$\frac{1}{\text{一切}}$という自分はどうせ死ぬことがあるのだ。イコール零となることがある。そうするとどうか。

$$1=\frac{\text{一切}}{\text{一切}}=0$$

これが生命の公式というものだ。これは裏返せば、0＝1＝$\frac{\text{一切}}{\text{一切}}$ですから、色即是空・空即是色ということです。

大切なのは1＝$\frac{\text{一切}}{\text{一切}}$＝0というこの生命実物全体を一目に見渡して、自由に生命運転していくことです。生死の竿頭（かんとう）に立ってむずかしい理屈をこねまわしていてもしようがない。あるいはむずかしいことをいってあげても役には立たない。結局「どっちへどう転んでも御いのち」生きても死んでも御いのちだ。「いまこの実物こそ御いのち」事実やるだけだ。いまもう肩で息するようになったのだから、一所懸命体操のつもりでやればいい。最期の息をハァーハァーやっていれば、後は楽になるのだと思っていればいい。

ところが二十世紀の人間は、「死ぬのは無価値、死ぬのは恐いこと」という催眠術にかけられすぎていると思う。目をしっかりあけて死を見据えてみれば、なあに死ぬということは楽になることだ。恐い恐いと思うその頭ぐるみ死んでいくのだから、何も心配しなくていいということです。

私はそのときつくづく「どっちへどう転んでも御いのち、いまこの実物こそ御いのち」という生死法句詩抄の言葉を書いておいて良かったなあと思いました。最期はそれだけだ。七面倒くさいことはいわなくていい。生死法句詩抄は私が書いたのだけれど早速自分で実習するハメになって、実習の結論として本当に書いておいて良かった。お陰様でこのたびの喀血は病巣が広がったわけではなく、体力が落ちたせいで胸の古傷の血管が切れたので、まあ鼻血みたいなものだ。だいたい私の結核は五十年来のおつきあいで、死んだ女房の形見だから大事にしているんですよ。どうか皆さんもいつ生死の竿頭に立たされるかしれないのですから、これを我がこととして「どっちへどう転んでも御いのち、いまこの実物こそ御いのち」を修行していってください。

それでいまの話をまとめていうと、他とのカネアイではない、しかしかえって他とのカネアイぐるみの自己として刻々自由運転していくのが生命実物だ。それを仏性ともいう。仏性をいろいろにいっていますが、結局、生命実物がただ生命実物することだ。これが畢竟帰運転だ。要するに只管。只管生命実物ということが仏性です。ここの四祖五祖の問答についても、そういう意味での仏性の話として読まなければならない。

『しかあればすなはち、祖師の道取を参究するに、「四祖いはく汝何姓」は、その宗旨あり。むかしは何国人の人あり、何姓の姓あり。なんぢは何姓と為説するなり。たとへば吾亦如是、汝亦如是と道取するがごとし』

「むかしは何国人の人あり」というが、これは僧伽大師についてこういう古則がある。

泗州僧伽大師に或る人問ふ、「師は何んの姓ぞ」

即ち答へて曰く、「我が姓は何」

又問ふ、「師は是れ何れの国の人ぞ」

師曰く、「我れは何国人なり」

世間話としてはお前はなんという名前なのだ、お前はどこの国の人間なのだということになるわけだけれど、本当は「お前」という決まったものがコロッとあるのではない。みんな雲みたいなもの——いやつくづく雲なのですよ、われわれは。それでへェ雲ヱ門です、へェ雲助ですといってみたところで、雲助も雲ヱ門も刻々に変化していつかフーッと消えてなくなってしまう。だから実物として「お前」というものが固定してあるものではない。私もあなたもなんとも決まらない。その規定以前の実物は「何」というよりほか仕方がないので、「なんぢは何姓と為説するなり」だ。つまり汝は決まる以前の実物なのだなと説法するということ。「如是」というのもそういう実物です。

『五祖いはく、「姓即有（しょうそくう）、不是常姓（ふぜじょうしょう）」。

いはゆるは、有即姓は常姓にあらず、常姓は即有に不是なり』

「即有」もつかみようのない実物そのものとして有るということだ。それは「不是常姓」で、決まった姓ではない。

私記という本に出ていますが、摩尼珠（まにしゅ）は光の加減でいろんな色に変化するらしい。だから摩尼珠は青いとか赤いとか緑だとか決まった色（＝常姓）はない。そうすると青とか赤とか黄とかいろんな色を現わすその全体が摩尼珠の実物で、その全体の有が即姓だ。それを青という常姓一色が摩尼珠だと限定したら、即有という摩尼珠の実物でなくなってしまう。

『四祖いはく是何姓（ぜかしょう）」は、何（か）は是なり、是を何しきたれり。これ姓なり。何ならしむるは是のゆゑなり。是ならしむるは何の能なり。姓は是也（ぜや）、何也（かや）なり。これを蒿湯（こうとう）にも点ず、茶湯（さとう）にも点ず、家常の茶飯（さはん）ともするなり』

本当の実物というのは、決まったものは一つもないので辺際がない。それを「是」といい、「何」といい、「姓」という。決まらないままが是だ。雲だって決まらないまんま、しかし雲だ。何という無限の生命実物を無限ならしめているのは、是というこの有限的この形にほかならない。そして有限的この形は無限の生命実物の働きによってある。たとえば、いま私がこうして一応のまとまった形をとっている。しかし本当は無限定、無際限なのだ。刻々息をしながら生きているというのは、無限のいのちの力がここで息しているのだ。要するに姓も是も何も、たった一つの生命実物そのものです。

「蒿湯（こうとう）」とは、ヨモギの葉を煎じたお茶のこと。われわれは日常生活のすべてにおいてこうした無限の生命実物を生き、絶対一元のさまざまな働きを生きている。

『五祖いはく、「是仏姓」。

いはくの宗旨は、是は仏性なりとなり。何（か）のゆゑに仏なるなり。是は何姓のみに究取しきたらんや、是すでに不是のとき仏姓なり。しかあればすなはち是は何なり、仏なりといへども、脱落しきたり、透脱しきたるに、かならず姓なり。その姓すなはち周なり。しかあれども、父にうけず祖にうけず、母氏（もし）に相似ならず、傍観に斉肩ならんや』

だからこれこそ「仏性」だ。みんな生命実物を生きているのだから、刻々無限の実物が無限の実物に覚めて畢竟帰運転をしていく。是は無際限という処に帰るから仏性だ。

しかし「是」が「何姓」だというだけで説き尽くされたのではない。「是」のときも仏性だ。「不是」のときも仏性だ。決して不合格は駄目だから合格をねらおうという話ではない。そういう合格不合格のない処へいかに刻々的中して覚め覚めるか――その畢竟帰運転が仏性だ。

だから「是」といって一応決まってはいるけれど、それは「何」で無辺際であり、畢竟帰運転としての「仏」なのだ。そしてそういうことさえも手放して、「脱落し」「透脱し」てしまったらもうどっちへどう転んでも御いのち、十方仏土中唯有一乗法という「姓」を名のるほかない。私がいつもいうけれど年とって頭ももうろく体もきかず、面倒みてくれる人もなくて、クソまるけになって転がっていようと結構だ。絶対そういうふうになりたくないと考えなくてもいいのです。

クソまるけといっても他人のクソじゃない。自分のクソなのだからそう汚くはなし、それでも完結して自己が自己ぎりの自己を生きているのだから心配しなくていい。どうせどっちへどう転んでもオレはオレのいのちを生きるだけ、十方仏土中のなかのことだ。そしたらそこが住処だ。住めば都というから、クソまるけの処がハナ匂う都だと思っていればいい。私はそう思っている。こうであってはいけないと考えないことだ。

「その姓すなはち周なり」というのは、前に周氏の娘に托生すとあったので、その周をもってきているわけだ。しかしながらその周というのは、「あまねし」という意味でどっちへどう転んでも御いのちのことだ。これは世間の話ではないので、父母から受けたわけではない。あるいは第三者としての話でもない。当の本人の生命実物の話なのだ。

『四祖いはく、「汝無仏性」』

ここで無仏性というのは仏性がないということではありませんが、仏性が無いという意味としては闡提（不成仏の義）というものが仏教教学で説かれています。大邪見を起こして一切の善根を断った断善闡提と、菩薩が大悲心を起こして一切衆生のために煩悩を断たない大悲闡提というのがある。私なんかもソレだね。煩悩がなんにもなくなってしまったら、あなたの煩悩について分からないもの。「へェーッ、そんな煩悩みたいなもののないがな」といっているようでは、悩んでいる人に出会えなくなってしまう。

「私は煩悩はタップリもっていますけれど、この煩悩は大切な資本だと思っています」、澤木老師に怒られたときこういったら、老師も黙ってしまわれたことがある。パウロは「われ福音を恥とせず」といっていますが、私は「われ煩悩を恥とせず」だ。だから仏教教学からいえば仏性がないという意味で闡提の菩薩もある。しかし、いまここでいっている無仏性はそういう意味ではない。

『いはゆる道取は、汝はたれにあらず、汝に一任すれども、無仏性なりと開演するなり。しるべし、学すべし、いまはいかなる時節にして無仏性なるぞ。仏頭にして無仏性なるか、仏向上にして無仏性なるか。七通を逼塞することなかれ、八達を摸揉することなかれ。無仏性は一時の三昧なりと修習することもあり。仏性成仏のとき無仏性なるか、仏性発心のとき無仏性なるかと問取すべし、道取すべし。露柱をしても問取せしむべし、露柱にも問取すべし、仏性をしても問取せしむべし』

「いはゆる道取は、汝はたれにあらず、汝に一任すれども、無仏性なりと開演するなり」——本当に汝というのは汝にまかせるよりしようがない。病気で苦しんでいる人に代わってやりたいと思っても、しかし代わることはできない。それが実物です。実物は頭ではつかみ切れないものだから、実物は実物に一任するしかない。それでこのアタマでなんともつかみようのない実物を無仏性——つまり仏性というコロッとつかめるような実体があるものではないぞといって開演するのです。

「しるべし、学すべし、いまはいかなる時節にして無仏性なるぞ。仏頭にして無仏性なるか、仏向上にして無仏性なるか。七通を逼塞することなかれ、八達を摸捺することなかれ」——ここのところよくよく考えてみなければならない。アタマでつかまれぬまま時々が時々する、ソレソレが無仏性です。時々刻々畢竟帰運転していくのだから、運転に決まったものはない。衆生といっても衆生の相なく、仏といっても仏の相なく、仏辺を超えた仏向上といっても仏向上の相がない。その決まったものがないことを無仏性という。だから何かつかもうとアタマで分別して摸りまわしてはいけない。七に通ずる処を塞ぐな、八に達する処を摸りまわすな。

「無仏性は一時の三昧なりと修習することもあり」——いかなる一時も無仏性の三昧であるということもある。たとえば、われわれが坐禅するといろいろな思いが浮かんでくる。そしていかにもマザマザとその思いぐるみになっていても、「アッいけない、いま坐禅してるんだ」といってアタマ手放しにしたとき、思いはフッと消えて前は壁だけ——これが三昧です。アタマ手放しのときすぐ三昧だ。これは坐禅していなくても、いまアタマ手放しして見直し生命実物に立ち帰ったとき、いつでも三昧だ。

「仏性成仏のとき無仏性なるか、仏性発心のとき無仏性なるかと問取すべし、道取すべし。露柱をしても問取せしむべし、露柱にも問取すべし、仏性をしても問取せしむべし」——「成仏」のときも無仏性、「発心」のときも無仏性。「露柱」とは、お寺によく大きな丸柱が一本だけポッと立っている処がある、そのあらわな柱のことです。結局、露柱はただ露柱している。問うことも問われることも絶して、只管露柱だ。「仏性」はただ只管仏性している。これが無仏性です。

『しかあればすなはち、無仏性の道、はるかに四祖の祖室よりきこゆるものなり。黄梅に見聞し、趙州に流通し、大潙に挙揚す。無仏性の道、かならず精進すべし、赼趄することなかれ。無仏性たどりぬべしといへども、何なる標準あり、汝なる時節あり、是なる投機あり、周なる同生あり、直趣なり』

「無仏性」という言葉は、四祖から始まって以下この巻の後にいくたびも出てきますが、黄梅に見聞し、趙州に流通し、大潙に挙揚されたわけです。無仏性とは刻々畢竟帰運転していくことだから、一服してはいられない。どこまでも精進すべきものとしてある。赼趄（たゆみ滞ること）したり、懈怠してはいけない。

この「無仏性」という言葉の由来をたずねてみると、「何」——決まらぬままという標準がある。「汝」という時々の実物もある。「是」といっていかにも一応の形があるような説法もある。あるいは「周」という天地一杯の生命の同姓もある。それは結局、無上菩提そのものだ。

『五祖いはく、「仏性空故、所以言無」。

あきらかに道取す、空は無にあらず。仏性空を道取するに、半斤といはず、八両といはず、無と言取（ごんしゅ）するなり。空なるゆゑに空といはず、無なるゆゑに無といはず、仏性空なるゆゑに無といふ。しかあれば、無の片々（へんぺん）は空を道取する標榜（ひょうぼう）なり、空は無を道取する力量なり』

「仏性」は第一義「空」であって、それ故なんともつかまれぬから「無」といったわけですが、これはふつういう有無の無ではないので「空は無にあらず」という。

仏性については畢竟帰運転、つまり帰る処をねらって刻々的中するように人生運転していくことだといいました。これは刻々の生きた運転ですから決まった運転はできない。しかし決まった運転がないということは運転しないことではない。運転ということがないのなら有無の無になりますが、決まった運転がないということはかえっていきいきした運転をするということです。そしていきいきした運転をすることをいうのに決まった運転はないという。

そういう意味で仏性空、つまりいきいきした畢竟帰運転を道取するのに、「半斤」とか「八両」とか（一斤は十六両だから同じこと）似たようなことをいわず、「無」つまり決まった運転はないといったのです。

それで「空なるゆゑに空といはず、無なるゆゑに無といはず、仏性空なるゆゑに無といふ」——これを読み換えてみれば、「いきいきした運転の故にいきいきした運転とはいわない、決まった運転はない故に決まった運転はないとはいわない、いきいきした運転故に決まった運転はないという」。こういう言い方をしているわけです。

だから決まった運転はない（無）ということの時々片々はいきいきした運転（空）を表わす目印だし、いきいきした運転（空）というのは決まった運転なし（無）ということを生きたまま取っつかまえたことだ。それで私はまた例によって「無仏性のうた」という詩を創りました。

無仏性のうた

思いで船側　刻むので
生きた流れを　見失い
居眠りするゆえ　呆けかすむ
あたま手放し　百千万発
覚め覚めて　畢竟帰運転
その手放しさえも　手放せば
仏性すなわち　無仏性
あたま手放し　その深さ

昔の中国の小話にありますが、旅人が渡し船に乗っていたところふとしたはずみで大事な剣を川へ落としてしまった。「ワァ大変」というので大急ぎで船側にその印をつけたわけです。そして浅い処へ漕いでいってから印をつけた処を一所懸命探したけれど、とうとう剣は見つからなかった。

皆さん笑っていますが、いまわれわれのやっていることもいつでもそうじゃないでしょうか。思いで船側刻んでいるのです。何しろ生きていくのには生活が大切、お金が大切といって、そこで一所懸命に船側刻んでいる。そして食わせろ、いい格好したい、それだけだ。人生の本当のいきいきした流れを見失ってそのあげくに居眠りしているから、ポーッとつまらない夢を見て一生送っているのだ。だいたい定年になってすることがなくて淋しいというような人生を送るようなら、生きた流れを見失って呆けかすんでいる。定年になって仕事がなくなったり、いずれ死がやって来るということは、初めから分かっているのだから、そういう生死、$1=\frac{\text{一切}}{\text{一切}}=0$ の人生を一日に見渡した処で送らなければならない。

だから刻々にアタマ手放し百千万発だ。船側刻もうとするアタマを手放しにして覚め覚め、いつも生命実物へ帰っていかなければならない。そういうと「なるほどアタマ手放し一本だな」といって――そんな言葉だけ覚えてまた船側を刻む。その手放しさえも手放す。そのとき仏性すなわち無仏性、仏性という言葉も消えて無仏性だ。ここには深さがある。アタマ手放しということは、どこまでも工夫し参究していかなければならない深さです。

『いはゆるの空は、色即是空の空にあらず。色即是空といふは、色を強為（ごうい）して空とするにあらず、空をわかちて色を作家（そけ）せるにあらず。空是空の空なるべし。空是空の空といふは、空裏一片石（くうりいっぺんせき）なり。しかあればすなはち、仏性無と仏性空と仏性有と、四祖五祖、問取道取』

般若心経に出てくる「色即是空、空即是色」をいま取り上げて、そういう折空（しゃっくう）の小見を破している。先に私は1と$\frac{一切}{一切}$と0とに分けてそのあげく、$1=\frac{一切}{一切}=0$という生命の公式を作りましたが、こういうのを折空観という。分析して考えたあげく、なるほど空だというわけです。しかしじつは、これはもう考えた上でのことでしかない。そういう折空観に対して体空（たいくう）観、端的にいまここで手放しするということがなければ駄目だ。色というのを強為して一所懸命分析したあげくに初めて空だというようなものではない。あるいは逆に空というものを分析して、そこに色を造作するようなものでもない。

「空是空の空なるべし」もう端的にまっすぐ実物するだけだ。刻々にいきいきただ実物が実物するだけだ。「空裏一片石」とは要するに空のほかなんにもないということだ。空裏といって空に裏表があるわけではないし、石といって仏性の石がゴロッとあるわけでもない。要するに空が空だ。空是空だ。結局、只管ということです。

こういうことを四祖と五祖が互いに問取し道取したわけです。

〈五〉嶺南人無仏性の章

——オレが意識しなくても息してる
——びっくりしなくちゃ

震旦第六祖曹谿山大鑑禅師、そのかみ黄梅山に参ぜしはじめ、五祖とふ、「なんぢいづれのところよりかきたれる」。

六祖いはく、「嶺南人なり」。

五祖いはく、「きたりてなにごとをかもとむる」。

六祖いはく、「作仏をもとむ」。

五祖いはく、「嶺南人無仏性、いかにしてか作仏せん」。

この「嶺南人無仏性」といふ、嶺南人は仏性なしといふにあらず、嶺南人は仏性ありといふにあらず、「嶺南人、無仏性」となり。「いかにしてか作仏せん」といふは、いかなる作仏をか期するといふなり。

おほよそ仏性の道理、あきらむる先達すくなし。諸阿笈摩教および経論師のしるべきにあらず。仏祖の児孫のみ単伝するなり。仏性の道理は、仏性は成仏よりさきに具足せるにあらず、成仏よりのちに具足するなり。仏性かならず成仏と同参するなり。この道理、よく〳〵参究功夫すべし。三二十年も功夫参学すべし。十聖三賢のあきらむるところにあらず。衆生有仏性、衆生無仏性と道取する、この道理なり。成仏以来に具足する法なりと参学する正的なり。かくのごとく学せざるは仏法にあらざるべし。かくのごとく学せずは、仏法あへて今日にいたるべからず。もしこの道理あきらめざるには、成仏をあきらめず、見聞せざるなり。このゆゑに、五祖は向他道するに、「嶺南人、無仏性」と為道するなり。見仏聞法の最初に、難得難聞なるは「衆生無仏性」なり。或従知識、或従経巻するに、きくことのよろこぶべきは衆生無仏性なり。

一切衆生無仏性を見聞覚知に参飽せざるものは、仏性いまだ見聞覚知せざるなり。六祖もはら作仏をもとむるに、五祖よく六祖を作仏せしむるに、他の道取なし、善巧なし。ただ「嶺南人、無仏性」といふ。しるべし、無仏性の道取聞取、これ作仏の直道なりといふことを。しかあれば、無仏性の正当恁麼時すなはち作仏なり。無仏性いまだ見聞せず、道取せざるは、いまだ作仏せざるなり。

六祖いはく、「人有南北なりとも、仏性無南北なり」。この道取を挙して、句裏を功夫すべし。南北の言、まさに赤心に照顧すべし。六祖道得の句に宗旨あり。いはゆる人は作仏すとも、仏性は作仏すべからずといふ一隅の構得あり。六祖これをしるやいなや。

四祖五祖の道取する無仏性の道得、はるかに罣礙の力量ある一隅をうけて、迦葉仏および釈迦牟尼仏等の諸仏は、作仏し転法するに、「悉有仏性」と道取する力量あるなり。悉有の有、なんぞ無々の無に嗣法せざらん。しかあれば、無仏性の語、はるかに四祖五祖の室よりきこゆるなり。このとき、六祖その人ならば、この無仏性の語を功夫すべきなり。「有無の無はしばらくおく、いかならんかこれ仏性」と問取すべし、「なにものかこれ仏性」とたづぬべし。いまの人も、仏性とききぬれば、「いかなるかこれ仏性」と問取せず、仏性の有無等の義をいふがごとし、これ倉卒なり。しかあれば、諸無の無は、無仏性の無に学すべし。六祖の道取する「人有南北、仏性無南北」の道、ひさしく再三撈摝すべし、まさに撈波子に力量あるべきなり。六祖の道取する「人有南北、仏性無南北」の道、しづかに拈放すべし。おろかなるやからおもはくは、人間には質礙すれば南北あれども、仏性は虚融にして南北の論におよばずと、六祖は道取せりけるかと推度するは、無分の愚蒙なるべし。この

邪解（じゃげ）を抛却（ほうきゃく）して、直須勤学（じきしゅごんがく）すべし。

この章も前の章に続いて無仏性の話ですが、一口にいって無仏性とはいったい何か。いま無仏性というのは仏性が仏性であって、仏性という言葉の入る余地もないほどに仏性そのものだということです。私のいう生命実物という言葉を当てはめていえば、私の生命実物が本当に生命実物に帰って、もう畢竟帰運転と余計なことをいう余地がないほど只管（しかん）だということです。只管とは「ひたすら、ただ」ということ、ただやるよりほかはない。

その点、生命実物をハダハダに考えていたら駄目だ。いつもいいますが誰でも彼でも事実生命実物を生きている。ところが生きているのだけれど、それからまたフッと宙に浮くところがある。これはなぜかというと、思いというやつで宙に浮くのだ。

たとえば私が何かをフッと思う。するとオレが考えたとこう思う。そしてオレの考えだと思う。ところがそうではない。そういう思いがフッと浮かんでくること自体は、天地一杯の生命実物がフッと浮かんでくるのです。私が思おうと思って思えるものではない。植物人間にでもなったら思おうと思ったたって思えないのだ。

思いというのは天地一杯からフーッと浮かぶ雲みたいなものです。この大気圏には水蒸気がたくさん溶け込んでいる。そこへ気流が生じ、低気圧が来て上昇気流が起こると、上空は空気が薄いのでそれが膨張する。これを断熱膨張といいますが、このとき水蒸気が結んで雲ができる。われわれが思いの浮かぶのをオレの思いだと考えるのは、その浮雲がオレは自分の力で出てきたんだぞと威張っているようなものだ。そうではなく天地一杯実物の力として、われわれの頭のなかにフーッと思いが浮かんでくる。呼吸だって心臓だって、考えてごらんなさい。オレがやろう、動かそうと思ってやっている仕事ではない。オレの思いでないことは明らかだ。みんな思い以上の天地一杯の生命実物が働いている。

その点からいったら、生き死にでもそうです。私が生まれようと思って生まれてきたのではない。もしそれが自分の意志でできるのなら、私なんか何もワザワザこんな処へ生まれてきて面倒くさい思いをするより、永遠に眠っている方が性に合っている。あるいはオレが死にたいと思って必ず死ねるわけでもなし、オレはいま死んでも死に切れないといいながら、それでも死ぬときには死ぬのだから心配いらない。実物として考えたら、これはもうオレの入る余地がまったくない天地一杯の生命実物だ。

そうすると阿弥陀さまに生かされているとか、天の神さまの思し召しだとかいって他力をもち出してくる人がいるけれど、私はそんな自力他力の入る余地も全然ないと思う。そんなハダハダのものではない。何から何まで天地一杯の生命実物がそのままオレなのだ。阿弥陀さまに救われているというような他力を強調すると、「そういう他力がどうしても自分には働いてこないので信じられない」と思う人が出てくる。ところが本当はそう信じても信じなくても、思っても思わなくても、そうであるという力だ。決して私がそういうふうに思ったから、あるいは信じたからあるというような浅いものではない。もっともっと本当に深い処でわれわれ生き死にもし、呼吸もし、いろんなことも思っているのだ。このことを我が身心において、よくよく当てはめて考えることが何より大切です。この「振り返る深さ」こそが「我が人生の深さ」だ。この天地一杯の生命実物こそが自己だとゆすり込まれてくれれば、そうオレの思いに振りまわされて、オレオレと我を張ることもいらなくなってくる。ところがこういうと、みんな自己の生命実物に立ち帰ってそれだけで生きていけるのかといったら、そうでもないのがまた不思議だ。みんな思いというやつで宙に浮くのだ。ではその思いは実物ではないのかといったら、そういう思いそれぐるみが生命実物なのだから妙なものだ。

人間の思いが宙に浮くというのもなかなか念が入っていて、思いそのものとしては一つの生理現象であり生命実物だ。ところがその思いをいわば写真を撮るみたいにパチッと撮る。抽象概念として固定化するわけだ。「これは一万円札である」「このお米は十キロ五千円」「このマンションは三千万円」――一万円札といっても実物は紙きれでしかない。尻をふくにはゴワゴワするし、折紙折るのには形がまずい。それをこの紙きれは一万円の価値があると約束して抽象概念写真を撮り、お米はいくらといってお米の概念写真を撮り、洋服の概念写真を撮り、家の概念写真を撮り、一万円という紙きれの概念写真と交換し合っている。そしてその概念写真の方こそ現ナマの実物だと思っている。

つまり生きた実物を思いで抽象し、概念写真に写して、その写真と写真を交換し合っているのが社会というものだ。ところがそういう社会は実物とはいえないのかというと、そういう宙に浮いた社会ぐるみが生命実物でもある。天地一杯の生命実物がいまの人間社会すべてを展開している。結局、天地一杯の生命実物といったら、われわれの分別世界、あらゆる社会生活、もう何から何まで天地一杯の生命実物、どっちへどう転んでも天地一杯の生命実物だ。仏性というのはつまりそういう天地一杯の生命実物に帰ることとです。ここが妙でしょう。どっちへどう転んでも生命実物なのに、まさにそこをねらって畢竟帰運転しようというのだから。

つまり、われわれの人生でどうなければならないということは一つもないのだ。それなればこそ、どうあってもいい生命実物こそを、厳しくねらって生きるということだ。

例をあげていうと、いまちょうど入学試験のシーズンです。それで進学する子どもをもつ親たちは、なんとしてもエリート校へ入学させようとカンカンになっている。そういう親たちの気分を反映して、子どもらもエリート校へ行けなかったらオレの一生はメチャクチャになるというような逼迫した気分で、毎日の勉強もやり試験も受けに行くのだと思う。ところがそれで入学試験に臨んだが幾つも間違ってしまった、もう駄目だ——というので合格発表のある前にもう自殺する子がいる。それほど緊迫した気持でいるのだ。あるいは不合格になったものだからグレ始めたという子だっていくらでもいる。

ところが一つ大人の気分になってごらんなさい。そんなものはどうあってもいいのだ。エリート校へどうしても行かねばならないということはない。落第したらまた一年浪人すればいい。一年や二年、二年や三年どうでもいい。安泰寺へ行ってみたら、十年は黙って坐れというので、話が十年単位になる。気は大きくもっていなければ駄目だ。一年みんなに遅れたら一生がメチャクチャになるというような、緊迫した気分で生きているのを子どもという。本当の大人の目というのは、どうあってもいいという処をもっていなければならない。事実エリート校へ行けなかったら、そんなサラリーマンにならなくていいのだし、大会社へ勤めなくても技術を身につけて一生技術でも食えるのだし、なんだったら坊主になって一生托鉢してでも食べていける。私なんかも一生とうとう托鉢だけで終わってしまったじゃないですか。いまでは「食うために働いたことがない、金なんかなんでえ」ということが、かえってセールスポイントになってしまった。

だから人はどうせねばならぬことはない。どうあってもいいのだ。不合格したら不合格した処で、そこにはそこの道がちゃんと立っていく。しかしそのどうあってもいいということを精一杯厳しく自らにねらって生きる、これが仏性です。

仏教の教える処は「どうせねばならぬ」ということではなく、悠々、洋々、伸び伸び、いきいき、スミレはスミレ、バラはバラ、それぞれ自分なりの生命の花を精一杯咲かせることなのだ。それぞれ生命がそれぞれ成長し自分の花を咲かせ、天地一杯の実を実らせることが本当の大人になるということだ。

『震旦第六祖曹谿山大鑑禅師、そのかみ黄梅山に参ぜしはじめ、五祖とふ、「なんぢいづれのところよりかきたれる」。

六祖いはく、「嶺南人なり」。

五祖いはく、「きたりてなにごとをかもとむる」。

六祖いはく、「作仏をもとむ」。

五祖いはく、「嶺南人無仏性、いかにしてか作仏せん」。

この「嶺南人無仏性」といふ、嶺南人は仏性なしといふにあらず、嶺南人は仏性ありといふにあらず、「嶺南人、無仏性」となり。「いかにしてか作仏せん」といふは、いかなる作仏をか期するといふなり』

嶺南とは中国の中部と南部を分ける南嶺山脈の南側地方のことですが、ここに「嶺南人無仏性」というのは、もしこれを世間的な観念で読んだらいまどき差別用語だといってやかましい問題になるだろう。しかし仏法としていえば、初めから仏性というものが有るとか無いとかいえるものでないのは決まっている。

私は「人生料理の本」というものを書いたけれど、今度は「人生運転の本」というのを書いてみたい。実際、人生というのは運転だ。猛吹雪の日あり、台風の日あり、雲一つない快晴の日あり、そこで刻々にどういう運転をやっていくかが問題だ。それなのにその運転を写真に撮って、オレのハンドルさばきは大したものだと悦に入っているのは危い。そういう余地さえないのが本当にいきいきした運転だ。そうなってくると、ただいきいき生命実物運転只管というよりほか仕方がない。ただひたすらにやる。もう仏性という言葉も入る余地がない。それで無仏性という。

「いかにしてか作仏せん」という言葉の本当の意味は、誰でも彼でも生命実物を生きているその上に、どんな生命実物があるのか。衆生本来成仏しているその上に、どんな作仏を期するのかということです。

『おほよそ仏性の道理、あきらむる先達すくなし。諸阿笈摩教および経論師のしるべきにあらず。仏祖の児孫のみ単伝するなり。仏性の道理は、仏性は成仏よりさきに具足せるにあらず、成仏よりのちに具足するなり。仏性かならず成仏と同参するなり。この道理、よく〳〵参究功夫すべし。三二十年も功夫参学すべし。十聖三賢のあきらむるところにあらず。衆生有仏性、衆生無仏性と道取する、この道理なり。成仏以来に具足する法なりと参学する正的なり。かくのごとく学せざるは仏法にあらざるべし。かくのごとく学せずは、仏法あへて今日にいたるべからず。もしこの道理あきらめざるには、成仏をあきらめず、見聞せざるなり』

ところがみんなそういう仏性の道理を明らかにしていない。いきいきした生命実物運転はあらかじめ存在するものではなく、それは鳥の飛んでいく道みたいなものだ。前もってコースが決まっているのでもないし、跡もたどれない。自由に飛んだ処がその道なので、生命の道とはそういうものです。ところがみんなあらかじめ凡夫にも仏性が「具足」していて、これを修行発現して成仏するのだと思っている。天台宗でいうところの性具説だ。しかし後だ先だというけれど、本来の生命実物は後先分かれる以前、前後際断している。

これはどこまでも「仏性かならず成仏と同参するなり」で、いきいき生命実物運転する当処にいきいき生命実物が現成する。私がいつも引き合いに出す麻谷山宝徹禅師の扇の話を思い出してください。いまわれわれいくら天地一杯の生命実物を生きているからといっても、それを実際に扇ぎ出さなければ駄目だ。いま扇ぐということで、いま事実風は起こるのだ。

これはもうこれでいいという到達点はないのだからうっかり腰をおろさず、生きているかぎり「どっちへどう転んでも御いのち、いまこの実物こそ御いのち」ということをねらって、只管生死しなければならない。参究工夫していかねばならない。

そのいきいきした只管生命実物の跡はなんともつかまれない。それで衆生有仏性とも、衆生無仏性ともいう。かえすがえすも仏性が成仏より先に具足していると説くいわゆる性具説の話ではないということ、仏性というのは、いまここで扇ぎ出さなければならないのだということをよく明らめておかなければならない。

『このゆゑに、五祖は向他道するに、「嶺南人、無仏性」と為道するなり。見仏聞法の最初に、難得難聞なるは「衆生無仏性」なり。或従知識、或従経巻するに、きくことのよろこぶべきは衆生無仏性なり。一切衆生無仏性を見聞覚知に参飽せざるものは、仏性いまだ見聞覚知せざるなり。六祖もはら作仏をもとむるに、五祖よく六祖を作仏せしむるに、他の道取なし、善巧なし。ただ「嶺南人、無仏性」といふ。しるべし、無仏性の道取聞取、これ作仏の直道なりといふことを。しかあれば、無仏性の正当恁麼時すなはち作仏なり。無仏性いまだ見聞せず、道取せざるは、いまだ作仏せざるなり』

「向他道」とは、他に向かって説法するということ。五祖が六祖に向かって「嶺南人無仏性」――「お前は思い以上の天地一杯の生命実物を生きてるな」と説いたわけです。

「難得難聞」とは、聞いても聞いてもなかなか得心のいかないことです。われわれ有仏性とか無仏性とか聞くと、すぐ有る無しの方に引っかかってどうしてもそこにこだわってしまう。ところが仏性というかぎり、有無分かれる以前なのだ。有ると無し、生と死、主観と客観、あらゆる二つに分かれる以前の実物が仏性だ。この辺がみんななかなか納得できない。しかし思っても思わなくても、信じても信じなくても、事実としてはみんな分かれる以前の生命実物を生きている。

それに気づいてびっくりしなければならない。オレが意識しなくても息している。眠ってるときもちゃんと息しているというのに、まずびっくりする必要がある。さらに眠っているとき心臓が動いていることにも、びっくりする必要がある。みんなびっくりしないから駄目だ。その事実に驚いて、なるほど生命実物を生きているのだと、そこで得心がいかなければならない。

だからみんな衆生無仏性という話を飽き飽きするほど聞かなければならないし、自分においてそれを働き出さなければならない。

六祖が仏になりたいといったとき、五祖はほかの言葉もなく、うまい方法も示さず、ただ「嶺南人無仏性」とだけいった。大切なのは「生命実物運転只管という無仏性」が、そのまま作仏なのだ。いま天地一杯の生命実物をこうやって扇ぎ出しているそのことが、天地一杯の作仏だ。人間として行きつく処へ行きついた本当の大人の生き方だ。

『六祖いはく、「人有南北なりとも、仏性無南北なり」。この道取を挙して、句裏を功夫すべし。南北の言、まさに赤心に照顧すべし。六祖道得の句に宗旨あり。いはゆる人は作仏すとも、仏性は作仏すべからずといふ一隅の搆得あり。六祖これをしるやいなや』

六祖が「人には南北がありますが、仏性は普遍的で南北はありません」と答えたように見える。

しかしそうではない。この言葉の裏側をよく知らなければならない。この道得の言葉には重要な意味がある。

というのは人の面からいえばこそ、南北があると同じく凡夫と仏とあるわけだ。ところが仏性というのは一切二つに分かれる以前で、南と北、凡夫と仏と分かれる以前だ。そうすると仏性からいえば、作仏も仏性、不作仏も仏性、何から何までどっちへどう転んでも仏性なのだから、それでは作仏のしようがない。そういう「一隅の搆得」、一つの捉え方がある。六祖はこういう意味を知っていて、人有南北、仏性無南北といったのかどうか。

『四祖五祖の道取する無仏性の道得、はるかに㝵礙（けいげ）の力量ある一隅をうけて、迦葉仏（かしょうぶつ）および釈迦牟尼仏等の諸仏は、作仏し転法するに、「悉有仏性」と道取する力量あるなり。悉有の有、なんぞ無々の無に嗣法せざらん。しかあれば、無仏性の語、はるかに四祖五祖の室よりきこゆるなり』

ここの文章ちょっと妙な感じがするのは、「㝵礙」という言葉の使い方が独特だからです。㝵礙というのは、礙（さまた）げられる、邪魔されるということですが、ここでは邪魔されてそれ以外でなくなるという意味で使われている。要するにすべて無仏性に邪魔されて、それ以外ではあり得なくなる。つまり衆生無仏性に邪魔されてももう無仏性以外に何もないというその一隅をうけて、迦葉仏も釈迦牟尼仏も自行としては作仏し、化他(けた)としては人に法を説くのだが、そこに悉有仏性と道取する力量がある。

この「仏性」の巻の一番初めに「釈迦牟尼仏言、『一切衆生、悉有仏性』」とありました。この言葉も無仏性から出てきているのだということです。それはそうです。無仏性とは只管生命実物運転ということだから、それを実地にやっている処から初めて仏性という言葉も出てくるわけだ。「悉有の有、なんぞ無々の無に嗣法せざらん」悉有仏性の有は、無仏性の無から間髪を入れずに嗣法している。四祖五祖がいわれた無仏性ということは、それほどすばらしいことなのです。

『このとき、六祖その人ならば、この無仏性の語を功夫すべきなり。「有無の無はしばらくおく、いかならんかこれ仏性」と問取すべし、「なにものかこれ仏性」とたづぬべし。いまの人も、仏性とききぬれば、「いかなるかこれ仏性」と問取せず、仏性の有無等の義をいふがごとし、これ倉卒(そうそつ)なり』

この「いかならんか」とか「なにものか」という言葉は、前の章の「是何姓」「何国人」の何と同じだ。要するに頭の思いでコレと決まる以前ということだから、「いかならんか」「なにものか」ということがそのまま無仏性であり、そのまま只管だ。とにかく一所懸命たずねているという姿勢、只管やっているという態度が無仏性です。

私がここで話しているのでも、これただやっているのだ。ここで二時間喋るために一ト月のあいだ、それだけをもう一鍬もう一鍬と一所懸命あたため掘り下げているのです。それがもしテープレコーダーを回すように、二番煎じ三番煎じの話をやるようなら本当の生きた姿ではないもの。同じことを何回も喋れば話はなめらかになるだろうけど、一番大切な情熱がなくなってしまう。ただ自己の生きる情熱をすべて傾けているという姿勢だけが生きているのです。それが無仏性だ。

『しかあれば、諸無の無は、無仏性の無に学すべし。六祖の道取する「人有南北、仏性無南北」の道(どう)、ひさしく再三撈摝(ろうろく)すべし、まさに撈波子(ろうぼす)に力量あるべきなり。六祖の道取する「人有南北、仏性無南北」の道、しづかに拈放(ねんぼう)すべし。おろかなるやからおもはくは、人間には質礙(ぜつげ)すれば南北あれども、仏性は虚融(こゆう)にして南北の論におよばずと、六祖は道取せりけるかと推度(すいたく)するは、無分の愚蒙(ぐもう)なるべし。この邪解(じゃげ)を抛却(ほうきゃく)して、直須勤学(じきしゅごんがく)すべし』

諸行無常とか諸法無我とかいう無も、無仏性の無に学ばなければならない。「撈摝(ろうろく)」は水中に沈んでいるものを取り上げること、「撈波子」はエビを取る竹の道具。つまり人有南北仏性無南北という言葉の奥行きをよく知らなければならないし、そのためには参学工夫に力量がなければならない。

「拈」は取り上げること、「放」は放下すること。取ったり放ったりして工夫しろという。

それに対して人間というのは個別的で南の人、北の人があるけれど、仏性は形がなくて行き渡っているから南北の論には及ばないと六祖がいったのだと思う。それはわけの分からない愚人のいうことだ。そんな常識的考えは投げ捨てて、ただまっすぐに勤学しなければならない。

〈六〉無常仏性の章 ——二つに分かれる以前の深さで生き、死ぬ

六祖示二門人行昌一云、「無常者即仏性也、有常者即善悪一切諸法分別心也」。

（六祖、門人行昌に示して云く、「無常は即ち仏性なり、有常は即ち善悪一切諸法分別心なり」）

いはゆる六祖道の無常は、外道二乗等の測度にあらず。二乗外道の鼻祖鼻末、それ無常なりといふとも、かれら窮尽すべからざるなり。しかあれば、無常のみづから無常を説著、行著、証著せんは、みな無常なるべし。今以現自身得度者、即現自身而為説法（今、自身を現ずるを以て得度すべき者には、即ち自身を現じて而も為に法を説く）なり。これ仏性な

り。さらに或現長法身、或現短法身なるべし。常聖これ無常なり、常凡これ無常なり。常凡聖ならんは仏性なるべからず。小量の愚見なるべし、測度の管見なるべし。仏者小量身也、性者小量作也。このゆゑに六祖道取す、「無常者仏性也（無常は仏性なり）」。

常者未転なり。未転といふは、たとひ能断と変ずとも、たとひ所断と化すれども、かならずしも去来の蹤跡にかかはれず、ゆゑに常なり。

しかあれば、草木叢林の無常なる、すなはち仏性なり。人物身心の無常なる、これ仏性なり。国土山河の無常なる、これ仏性なるによりてなり。阿耨多羅三藐三菩提これ仏性なるがゆゑに無常なり、大般涅槃これ無常なるがゆゑに仏性なり。もろ〳〵の二乗の小見および経論師の三蔵等は、この六祖の道を驚疑怖畏すべし。もし驚疑せんことは、魔外の類なり。

『六祖、門人行昌に示して云く、「無常は即ち仏性なり、有常は即ち善悪一切諸法分別心なり」』

六祖のこの言葉を聞いて、行昌は大いに驚き怪しんだ。というのは一般に仏教で説く処としては、諸行は無常であり、善悪一切諸法分別心は無常だ。それに対して仏性は如来常住無有変易であって常住と説いている。

ところがいま生命という実物から見てみれば、六祖はごく当たりまえのことをいってるだけだ。仏性とは生命実物がただ生命実物をねらう刻々の畢竟帰運転です。そしたら「いきいき生命」という無常が、「いきいき生命」という無常をただすることだ。仏性は安らい処だからというので「これでいいんだドッコイショ」などと、一服するつもりでいたらまったく違っている。仏性は腰かけのような決まったものとしてあるのではない。われわれが人生の安らいを求めるとき、そういう安心ぐるみの安心を考えていたらお伽話だ。生きているということはいつでも停滞なし、刻々に自由運転していくことが根本です。

われわれのする坐禅でもそうですよ。本当はみんな「これでいいのかしらん」と途方に暮れて坐っているのです。凡夫が途方に暮れていればこそ、そこに仏が現成する。そこでただ一所懸命姿勢を正し、アタマ手放し手放し、百千万発して坐っている。

これ百千万発アタマ手放しというのだから、ただ一所懸命やっていることであって、「ああいい悟りの境涯」といってつかんでしまったら坐禅にならない。的中は覚知できない。そういう自己観察の入る余地のない処が只管で、それが仏性です。だから仏性とは徹底的に無常が無常する只管以外にない。

これに対し「善悪一切諸法」というのは概念で固定化しているので、その点で有常だというのも当たりまえのことだ。

『いはゆる六祖道の無常は、外道二乗等の測度にあらず。二乗外道の鼻祖鼻末、それ無常なりといふとも、かれら窮尽すべからざるなり。しかあれば、無常のみづから無常を説著、行著、証著せんは、みな無常なるべし。今以現自身得度者、即現自身而為説法（今、自身を現ずるを以て得度すべき者には、即ち自身を現じて而も為に法を説く）なり。これ仏性なり。さらに或現長法身、或現短法身なるべし』

ところが二乗外道の祖も末流も、諸行無常、涅槃寂静を標榜するのに、あらゆる生滅の法からどこか離れた処に常住や涅槃を考えている。そんな受け取り方では、無常ということさえも十分に徹底していない。

本当に生命実物としての無常が、無常を「説」き、無常を「行」じ、無常を「証」することは、それ自身無常でなければならない。

「いま自身を現ずるを以て得度すべき者には、即ち自身を現じて而も為に説法す」これは観音経に出てくる観音三十三身説法のことで、観音さまは三十三の化身を現じて説法するという。しかしそこに能変の観音さまそのものと、所変の化身があると二つに分けて考えたら間違いだ。観音さま自身、只管といったら観音さまだけだ。自己を生きるものは自己以外にない。向上するのも自分持ちなら堕落するのも自分持ちだ。自己を生きるのは自己以外ない処に「或現長法身、或現短法身」して、千変万化に変わっていくのです。

これは学校でもよく教えてほしいと思う。いまの子どもたちは何か失敗すると、たいがい親に尻ぬぐいしてもらっているのではないのかな。しかしそれが一番子どもをダメにする。大切なのはいまここ自分は、いまここそういう自分を生きるほかないということに徹底することだ。それが仏性です。

『常聖(じょうしょう)これ無常なり、常凡これ無常なり。常凡聖ならんは仏性なるべからず。小量の愚見なるべし、測度(しきたく)の管見(かんけん)なるべし。仏者小量身也(ぶっしゃしょうりょうしんや)、性者小量作也(しょうしゃしょうりょうさや)。このゆゑに六祖道取す、「無常者仏性也(無常は仏性なり)」。

常者未転(じょうとはみてん)なり。未転といふは、たとひ能断と変ずとも、たとひ所断と化(け)すれども、かならずしも去来(こらい)の蹤跡(しょうせき)にかかはれず、ゆゑに常なり』

聖人がいつでも聖人とはかぎらない。一つ間違えば罪人にもなるし、凡夫だっていま坐禅すれば仏さんだ。だから凡夫も聖人も決まって動かないものではない、無常だ。常と思うのは人間の思いで測った「管見」（ヨシの髄からのぞいて見た狭い見方）でしかない。そんなものでのぞいたら、無量無辺の仏性が小さなものになってしまう。「仏者小量身也、性者小量作也」だ。だから本当にすべて、生きているということは無常です。

公案のなかに「如何なるか是れ道？」「平常心是道」というのがある。お師家さんもよく墨蹟に平常心是道と書いて、「何事も平常心が肝要だぞよ」てなことをいっている。ところがそんな上っつらの平面的なことをいってるから危いんだ。

私は人間死ぬときになって、「さあ大変」と思わないで死ぬことは絶対にあり得ないと思う。「私はコロッとそのまま逝きますよ」などと調子良く構えているやつがかえって危い。そんなふうに決まっていることではないもの。死ぬときにはまぎれもない生物として、どんな人でも「さあ大変」という思いをして死ぬのだ。そして「大変だ、まだ死ぬのは嫌だ」ともがきたくなるじゃないか。ところがそこで「どっちへどう転んでも御いのち」と耳鳴りしなければならない。「いまこの実物こそ御いのち」と断末魔の息を一所懸命やる以外ない。

「平常心是道、ああいい言葉じゃ」と掛軸かけてキャラメルをしゃぶっているみたいなのでは駄目だ。もっと立体的に深めて「死ぬぞ、わあ大変、どっちへどう転ぶのか」そこも知った上で、

「どっちへどう転んでも御いのち、いまこの実物こそ御いのち」に決定(けつじょう)していなければならない。「常とは未転なり」と出てきますが、この常、無常ということも、平面的に受け取っていたらとんでもない。本当の意味の常とは能転所転いまだ転ぜざる処、出入りなしということです。だから生死分かれる以前で生死を超えているから無変易であり、仏性常住という。

「未転といふは、たとひ能断と変ずとも、たとひ所断と化すれども」——能断とは智慧をもって煩悩を断ずること、所断とは断ぜられる煩悩のことで、たとえ時に煩悩あるいは智慧と変わっても生命実物としては変わらない。生命実物というのは二つに分かれる以前なのだから、智慧と煩悩、明と無明、去と来の二つはない。われわれは思っても思わなくても、信じても信じなくても、そういう二つに分かれる以前の深さで生きもし、死にもしている——そこを常という。だから「かならずしも去来の蹤跡(しょうせき)にかかはれず、ゆゑに常なり」というこの常こそが、無常が無常しているのであると同時に、常であり真常である。

『しかあれば、草木叢林(そうりん)の無常なる、すなはち仏性なり。人物身心(にんもつしんじん)の無常なる、これ仏性なり。国土山河(せんが)の無常なる、これ仏性なるによりてなり。阿耨多羅三藐三菩提(あのくたらさんみゃくさんぼだい)これ仏性なるがゆゑに無常なり、大般涅槃(だいはつねはん)これ無常なるがゆゑに仏性なり。もろ〱の二乗の小見および経論師の三蔵等は、この六祖の道(どう)を驚疑怖畏(きょうぎふい)すべし。もし驚疑せんことは、魔外(まげ)の類なり』

どこにでもある草むらや林の無常なる姿が、そのまま二つに分かれる以前のいきいきした生命実物なのだし、人物身心も国土山河も、みんな生命実物なのだから仏性です。

そして仏の悟りも決して常住ではない。修行によって常に新しくなっている。それで初めていきいきした悟りだ。公案の答えを覚えてその覚えた通りというようなものが、悟りであるはずがない。

小乗仏教の学者たちは、六祖のいまいった言葉に驚疑怖畏するであろうが、もし驚疑するのならそれは悪魔外道の類だ。

前章の無仏性のときには只管といいましたが、ここの無常仏性では只管さえ通りこして、ただもう「そのもの」ということです。道元禅師の話はだんだん章を追って深まっていく。

〈七〉身現円月相（しんげんえんがつそう）の章

——坐禅そのものの姿がトホーもなく尊い

第十四祖龍樹尊者、梵云二那伽閼刺樹那一。唐云二龍樹亦龍勝一、亦云二龍猛一。西天竺国人也。至二南天竺国一。彼国之人、多信二福業一。尊者為説二妙法一。聞者遞相謂曰、「人有二福業一、世間第一。徒言二仏性一、誰能観レ之」。尊者曰、「汝欲レ見二仏性一、先須レ除二我慢一」。彼人曰、「仏性大耶小耶」。尊者曰、「仏性非レ大非レ小、非レ広非レ狭、無レ福無レ報、不死不生」。彼聞二理勝一、悉廻二初心一。尊者復於二坐上一現二自在身一、如二満月輪一。一切衆会、唯聞二法音一、不レ観二師相一。於二彼衆中一、有二長者子迦那提婆一、謂二衆会一曰、「識二此相一否」。衆会曰、「而今我等目所レ未レ見、耳無レ所レ聞、心無レ所レ識、身無レ所レ住」。提婆曰、「此是尊者、現二仏性相一、以示二我等一。何以知レ之。蓋以三無相三昧形如二満月一。仏性之義、廓然虚明」。言訖輪相即隠。復居二本坐一、而説レ偈言、「身現二円月相一、以表二諸仏体一、説法無其形、用辯非二声色一」。

（第十四祖龍樹尊者、梵に那伽閼剌樹那と云ふ。唐には龍樹また龍勝と云ふ、また龍猛と云ふ。西天竺国の人なり。南天竺国に至る。彼の国の人、多く福業を信ず。尊者、為に妙法を説く。聞く者、遞相に謂って曰く、「人の福業有る、世間第一なり。徒らに仏性を言ふ、誰か能く之を観たる」。

尊者曰く、「汝、仏性を見んと欲はば、先づ須らく我慢を除くべし」。

彼の人曰く、「仏性は大なりや小なりや」。

尊者曰く、「仏性は大に非ず小に非ず、広に非ず狭に非ず、福無く報無く、不死不生なり」。

彼、理の勝れたることを聞いて、悉く初心を廻らす。

尊者、また坐上に自在身を現ずること、満月輪の如し。一切衆会、唯法音のみを聞いて、師相を覩ず。

彼の衆の中に、長者子迦那提婆といふもの有り、衆会に謂って曰く、「此の相を識るや否や」。

衆会曰く、「而今我等目に未だ見ざる所、耳に聞く所無く、心に識る所無く、身に住する所無し」。

提婆曰く、「此れは是れ尊者、仏性の相を現じて、以て我等に示す。何を以てか之を知る。蓋し、無相三昧は形満月の如くなるを以てなり。仏性の義は廓然虚明なり」。

言ひ訖るに、輪相即ち隠る。また本坐に居して、偈を説いて言く、

「身に円月相を現じ、以て諸仏の体を表す、

説法は無の其の形なり、用辯は声色に非ず」）

しるべし、真箇の「用辯」は「声色」の即現にあらず。真箇の「説法」は「無其形」なり。尊者かつてひろく仏性を為説する、不可数量なり。いまはしばらく一隅を略挙するなり。

「汝欲見仏性、先須除我慢」。この為説の宗旨、すごさず辦肯すべし。「見」はなきにあらず、その見これ「除我慢」なり。「我」もひとつにあらず、「慢」も多般なり、除法また万差なるべし。しかあれども、これらみな見仏性なり。眼見目覩にならふべし。

「仏性非大非小」等の道取、よのつねの凡夫二乗に例諸することなかれ。偏枯に仏性は広大ならんとのみおもへる、邪念をたくはへきたるなり。大にあらず小にあらざらん正当恁麼時の道取に罣礙せられん道理、いま聴取するがごとく思量すべきなり。思量なる聴取を使得するがゆゑに。

しばらく尊者の道著する偈を聞取すべし、いはゆる「身現円月相、以表諸仏体」なり。すでに「諸仏体」を「以表」しきたれる「身現」なるがゆゑに「円月相」なり。しかあれば、一切の長短方円、この身現に学習すべし。身と現とに転疎なるは、円月相にくらきのみにあらず、諸仏体にあらざるなり。愚者おもはく、尊者かりに化身を現ぜるを円月相といふとおもふは、仏道を相承せざる儻類の邪念なり。いづれのところのいづれのときか、非身の他現ならん。まさにしるべし、このとき尊者は高座せるのみなり。身現の儀は、いまのたれ人も坐せるがごとくありしなり。この身、これ円月相現なり。身現は方円にあらず、有無にあらず、隠顕にあらず、八万四千蘊にあらず、ただ身現なり。円月相といふ、這裏是甚麼処在、説細説麤月（這裏是れ甚麼の処在ぞ、細と説き、麤と説く月）なり。この身現は、先須除我慢なるがゆゑに、龍樹にあらず、諸仏体なり。「以表」するがゆゑに諸仏体を透脱す。しかあるがゆゑに、仏辺にかかはれず。仏性の「満月」を「形如」する「虚明」ありとも、「円月相」を排列するにあらず。いはんや「用辯」も「声色」にあらず、「身現」も色心にあらず、蘊処界にあらず。蘊処界に一似なりといへども「以表」なり、「諸仏体」なり。これ説法蘊なり、それ「無其形」なり。無其形さらに「無相三昧」なるとき、「身現」なり。一衆いま円月相を望見すといへども、「目所未見」なるは、説法蘊の転機なり、「現自在身」の「非声色」なり。即隠、即現は、輪相の進歩退歩なり。「復於座上現自在身」の正当恁麼時は、「一切衆会、唯聞法音」するなり、「不覩師相」なるなり。

尊者の嫡嗣迦那提婆尊者、あきらかに満月相を「識此」し、円月相を識此し、身現を識此し、諸仏性を識此し、諸仏体を識此せり。入室瀉缾の衆たとひおほしといへども、提婆と斉肩ならざるべし。提婆は半座の尊なり、衆会の導師なり。全座の分座なり。正法眼蔵無上大法を正伝せること、霊山に摩訶迦葉尊者の座元なりしがごとし。龍樹未廻心のさき、外道の法にありしときの弟子おほかりしかども、みな謝遣しきたれり。龍樹すでに仏祖となれりしときは、ひとり提婆を附法の正嫡として、大法眼蔵を正伝す。これ無上仏道の単伝なり。しかあるに、僭偽の邪群ままに自称すらく、「われらも龍樹大士の法嗣なり」。論をつくり義をあつむる、おほく龍樹の手をかれり、龍樹の造にあらず。むかしすてられし群徒の、人天を惑乱するなり。仏弟子はひとすぢに、提婆の所伝にあらざらんは、龍樹の道にあらずとしるべきなり。これ正信得及なり。しかあるに、偽なりとしりながら稟受するものおほかり。謗大般若の衆生の愚蒙、あはれみかなしむべし。

迦那提婆尊者、ちなみに龍樹尊者の身現をさして衆会につげていはく、「此是尊者、現㆓仏性相㆒、以示㆓我等㆒。何以知㆑之。蓋以㆔無相三昧形如㆓満月㆒。仏性之義、廓然虚明（此れは是れ尊者、仏性の相を現じて、以て我等に示すなり。何を以てか之を知る。蓋し、無相三昧は形満月の如くなるを以てなり。仏性の義は、廓然として虚明なり）」。

いま天上人間、大千法界に流布せる仏法を見聞せる前後の皮袋、たれか道取せる、「身現相は仏性なり」と。大千界にはただ提婆尊者のみ道取せるなり。余者はただ、仏性は眼見耳聞心識等にあらずとのみ道取するなり。身現は仏性なりとしらざるゆゑに道取せざるなり。祖師のをしむにあらざれども、眼耳ふさがれて見聞することあたはざるなり。身識いまだおこらずして、了別することあたはざるなり。無相三昧の形如満月なるを望見し礼拝するに、「目未所覩」なり。「仏性之義、廓然虚明」

なり。

しかあれば、「身現」の説仏性なる、「虚明」なり、「廓然」なり。説仏性の「身現」なる、「以表諸仏体」なり。いづれの一仏二仏か、この以表を仏体せざらん。仏体は身現なり、身現なる仏性あり。四大五蘊と道取し会取する仏量祖量も、かへりて身現の造次なり。すでに諸仏体といふ、蘊処界のかくのごとくなるなり。一切の功徳、この功徳なり。仏功徳はこの身現の究尽し、嚢括するなり。一切無量無辺の功徳の往来は、この身現の一造次なり。

しかあるに、龍樹・提婆師資よりのち、三国の諸方にある前代後代、ままに仏学する人物、いまだ龍樹・提婆のごとく道取せず。いくばくの経師論師等か、仏祖の道を蹉過する。大宋国むかしよりこの因縁を画せんとするに、身に画し心に画し、空に画し、壁に画することあたはず、いたづらに筆頭に画するに、法座上に如鏡なる一輪相を図して、いま龍樹の身現円月相とせり。すでに数百歳の霜華も開落して、人眼の金屑をなさんとすれども、あやまるといふ人なし。あはれむべし、万事の蹉跎たることかくのごときなる。もし身現円月相は一輪相なりと会取せば、真箇の画餅一枚なり。弄他せん、笑也笑殺人なるべし。かなしむべし、大宋一国の在家出家、いづれの一箇も、龍樹のことばをきかずしらず、提婆の道を通ぜずみざること。いはんや身現に親切ならんや。円月にくらし、満月を虧闕せり。これ稽古のおろそかなるなり、慕古いたらざるなり。古仏新仏、さらに真箇の身現にあうて、画餅を賞翫することなかれ。

しるべし、身現円月相の相を画せんには、法座上に身現相あるべし。揚眉瞬目それ端直なるべし。皮肉骨髄正法眼蔵、かならず兀坐すべきなり。破顔微笑つたはるべし、作仏作祖するがゆゑに。この画いまだ月相ならざるには、形如なし、説法せず、声色なし、用辯なきなり。もし身現をもとめば、円月相を図すべし。円月相を図せば、円月相を図すべし、身現円月相なるがゆゑに。円月相を画せんとき、満月相を図すべし、満月相を現ずべし。しかあるを、身現を画せず、円月を画せず、満月相を画せず、諸仏体を図せず、「以表」を体せず、「説法」を図せず、いたづらに画餅一枚を図す、用作什麼（用て什麼にか作ん）。これを急著眼看せん、たれか直至如今飽不飢ならん。月は円形なり、円は身現なり。円を学するに一枚銭のごとく学することなかれ、一枚餅に相似することなかれ。身相円月身なり、形如満月形なり。一枚銭、一枚餅は、円に学習すべし。

予、雲遊のそのかみ、大宋国にいたる。嘉定十六年癸未秋のころ、はじめて阿育王山広利禅寺にいたる。西廊の壁間に、西天東地三十三祖の変相を画せるをみる。このとき領覧なし。のちに宝慶元年乙酉夏安居のなかに、かさねていたるに、西蜀の成桂知客と、廊下を行歩するついでに、予、知客にとふ、「這箇是什麼変相（這箇は是れ什麼の変相ぞ）」。

知客いはく、「龍樹身現円月相（龍樹の身現円月相なり）」。かく道取する顔色に鼻孔なし、声裏に語句なし。

予いはく、「真箇是一枚画餅相似（真箇に是れ一枚の画餅に相似せり）」。ときに知客、大笑すといへども、笑裏無刀、破画餅不得（笑裏に刀無く、画餅を破すること不得）なり。

すなはち知客と予と、舎利殿および六殊勝地等にいたるあひだ、数番挙揚すれども、疑著するにもおよばず。おのづから下語する僧侶も、おほく都不是なり。

予いはく、「堂頭にとうてみん」。ときに堂頭は大光和尚なり。

知客いはく、「他無鼻孔、対不得。如何得知（他は鼻孔無し、対へ得じ。如何でか知ることを得ん）」。

ゆゑに光老にとはず。恁麼道取すれども、桂兄も会すべからず。聞説する皮袋も道取せるなし。前後の粥飯頭みるにあやしまず、あらためなほさず。又、画することとうべからざらん法はすべて画せざるべし。画すべくは端直に画すべし。しかあるに、身現の円月相なる、かつて画せるなきなり。

おほよそ仏性は、いまの慮知念覚ならんと見解することさめざるによりて、有仏性の道にも、無仏性の道にも、通達の端を失せるがごとくなり。道取すべきと学習するもまれなり。しるべし、この疎怠は廃せるによりてなり。諸方の粥飯頭、すべて仏性といふ道得を、一生いはずしてやみぬるもあるなり。あるいはいふ、聴教のともがら仏性を談ず、参禅の雲衲はいふべからず。かくのごとくのやからは、真箇是畜生なり。なにといふ魔儻の、わが仏如来の道にまじはりけがさんとするぞ。聴教といふことの仏道にあるか、参禅といふことの仏道にあるか。いまだ聴教・参禅といふこと、仏道にはなしとしるべし。

『第十四祖龍樹尊者、梵に那伽閼剌樹那と云ふ。唐には龍樹また龍勝と云ふ、また龍猛と云ふ。西天竺国の人なり。南天竺国に至る。彼の国の人、多く福業を信ず。尊者、為に妙法を説く。聞く者、逓相に謂って曰く、「人の福業有る、世間第一なり。徒らに仏性を言ふ、誰か能く之を観たる」』

龍樹尊者という方は西洋紀元でいう二世紀から三世紀にかけて活躍した人で、八宗の祖師と崇められ、大乗仏教のお祖師さんみたいにいわれている。尊者は西インドに生まれて、そのころアンドラ王国が栄えていた南インドへ行った。

「福業」とは現世の幸せをもたらす行為です。これはいまの人たちでもちっとも変わらない。なんといっても現世的にいいこと、要するに金と健康はいいに決まっていると頭から信じている。そういう人たちを前にして尊者が純粋な仏法の話をしたわけですが、みんななかなか興味を示さない。そしてなんといっても現世的ご利益のあることが一番尊いのじゃないですかといっている。

私が安泰寺にいた時分、「良いことならなんでもする会」という会から、毎月機関誌を送ってきていた。まず朝は早起き、冷水摩擦に始まって、正座、腹式呼吸、内観、写経までする。さらに健康体操からジョギング、ヨガ、ついでに断食も時々やる。そしてふだんは玄米食で生野菜を食べ、クコの茶を飲み、鍼や灸もすえる。とうとう最後は、きれいな音楽も聞きましょう。きれいな音楽を聞くと乳牛だって余計に乳を出す。モォー乳牛なみになってしまった。

いまは「微笑通信」というのが時々送られてくる。なんでもいつでも微笑んでいましょう。微笑んでいれば悪かろうはずはないと書いてある。その純真さについホホエンでしまう。

いま、はやっている新興宗教なんかも、そういういいことの中心に自分たちの神さまを据えているだけだ。そして「この神さまを信ずれば、金は儲かるし病気は治る」が、いつでもセールスポイントだ。そういう現世的ご利益を持ち出すと、善男善女がいくらでもたくさん集まってくるのですね。そういう人たちは、いいことというのが決まった形でいつもあると思っているから、そこが不思議だ。本当はいいことなんて、いい時だけいいことなのだ。一旦戦争が勃発したり、死の病に倒れたりすれば、もはやいいことどころの騒ぎではなくなる。新興宗教の神さまだってそうだ。もはやせっぱ詰まって、いくら拝んでも拝んでもその願いがまったく通じないときが必ずやって来る。

　しかも新興宗教の恐ろしい処はここだ。たとえば病気が治りたい一心で信仰している人に、「アンタはまだ信心が足りないから治らない。信ずるためにはあげなさい」といって家財産何もかもあげさせ、最後にもう何もなくなった信者が「それでも治りません」というと、「いや、まだあなたは治りたいという気持があげてない」といって突っぱねる。それだったら後はもう勝手に死んでしまえということだもの。そのとき、騙されたと知っても、もう遅い。口惜しがりながらもがき死んだ人を、私は何人も知っている。

　少し話がそれましたが、大切なのはいいことどころの騒ぎじゃない、あるいは神も仏もあるものかと引っくり返ることが必ずあるのだから、そういうことをも引っくるめた上で「人生をいかに生きるべきか」よく考えておくのでなければならない。

　真宗七高僧の一人である曇鸞和尚は、木の上に坐って二百年生き続けるという仙人の修行をしていたのですが、その下を通りかかった菩提流支に「二百一年目はどうするんだ」といわれてびっくり仰天、木の上から滑り落ちてしまった。二百一年目と聞いて滑り落ちたところがいい。ところがいまの人たちは滑り落ちないもの。いいことのなかにドップリつかって平和な顔で、パチンコだ、温泉だ、なんだかんだと、それだけで一生通用すると思っている。

しかし「ワァ大変」ということが必ずあるのだぞということはよくよく知って、それをも引っくるめた処で、自分の人生を考えておくのでなければならない。

『尊者曰く、「汝、仏性を見んと欲はば、先づ須らく我慢を除くべし」』

その点仏性というのは、なんにもご利益のない無功徳の話だ。だからみんな物足りなくてツマラナイと思う。ところがこの自己の人生の畢竟帰運転たる仏性は、そんな世間的な良い話からケタが外れている。ケタが外れているからどうもピンとこない。「我慢」とはだいたい「己を恃んで他にくらべて高挙する心所」をいう。要するに我を突っぱる、我を張るということです。

しかしいまここの場合、もっと根本的な意味を考えておかなければならない。それはどういうことか。だいたい我という一物をもつということは、同時に我によって働かれる他の世界があることだ。つまり働くと働かれる、見ると見られる、能と所、主観と客観が出てくるということです。要するにニョッキリ我というものが頭をもち上げ、能の我と所の彼に分けて見る見方、それが我慢だ。

「除我慢」の「除」はこれもふつうでは取り除くという意味で使っていますが、ここでは歳除とか除夜などと用いるときの除です。歳除も除夜も大晦日のことですが、節分の夜や冬至の前夜をさしてやはり除夜という。つまり古いものをやめて新しいものを迎えるときに除という。だから除我慢とは我の突っぱりを取り除いてという意味ではなく、主観客観と二つに分けて見る分別的見方を手放して、思い以上の生命実物を迎えるという意味になる。

「仏法はまさに自他の見をやめて学するなり」（正法眼蔵「弁道話」巻）

これが一番大切なのです。仏道修行に入っても、オレの見をもっていたら何十年やっても駄目だ。オレの考えを捨てないでそこから仏道を見ていたら、どこまで行っても出会わない。自と他、主観と客観、能と所、この二つに見る見方をやめて仏道を学するのが根本だ。いまの「すべからく我慢を除くべし」ということも、「自他の見をやめて」ということです。

だから我慢を除くというのは、私のいうアタマ手放しのことだ。アタマ手放しして自他の見をやめ、我慢をやめて見直すことが畢竟帰運転たる仏性だ。すでにわれわれ二つに分かれる以前の処で生命実物を生きている。この生命実物に帰る――これを仏性を見るという。見るといっても見るオレと、見られる仏性の二つがあるのではない。まったく見る見られる分かれる以前の処に立ち帰ることが、仏性を見るということです。

京都の安泰寺で接心（せっしん）をしていたとき、突然「カジです、カジです、カジでございます」という大きな声にギョッとした。時は四月で山火事の多い季節だ。裏の林で山火事でも起こったのかと――それにしても「カジでございます」というのは間が抜けている。そしたらなあに加地（かじ）やまとという人が初めて選挙に立候補してやって来たところだった。その月の接心はとにかく選挙カーが次々連呼にやって来てうるさかった。

それで終わってからスチーブというアメリカ人に「今度の接心はやかましかったな」といったら、「いや別になんともない。蝉の声とおんなじだ」という。いや、スチーブさんは日本語がとても達者なのです。でもやはりアメリカ人だから、日本語として聞き取るという気になって初めて日本語の意味をもつものらしい。日本語から聞き取ろうという気持を働かさなければ、もう後は火事であろうがなんであろうが林で鳴く蝉の声と同じなのだ。

このことでよく分かりましたね。われわれいろんな音のなかから日本語の意味をことさらに聞き取っているわけだ。そして日本語の意味を聞き取るから、人の言葉によって傷付いたり、腹を立てたりもするわけです。

ところがそういう「日本語を聞く」という能と、「聞かれた日本語の意味」という所の構成を外してしまったらどうか。そしたら蝉の声と一緒でしかない。そして蝉の声も人間の声も単なる音、その音も単なる坐禅中の風景としてしまえば、これはもううるさくもナントモナイという処があっていいわけです。

そういえば私が初めて大中寺（だいちゅうじ）へ行って坊主になったころ、兄弟子株でとても意地の悪いやつがいた。こちらは坊主になりたてだから、いわれたことを大真面目にハイハイ聞いて一所懸命やっていた。でも段々分かってきたな。こいつは意地悪のために意地悪をいうのだと。それ以来、その人に対するときは体中の蝶番（ちょうつがい）をちゃんと外して出会っていた。蝶番を外していれば怪我もせず、そして働くときにはまたはめて働けばいい。

とにかくうるさい声も意地悪も、そういう「自分と向こう側が構成する以前」のまったく不二の生命実物地盤が根本にあるのであって、そこへつかり込んでしまえばすべてナントモナイ。勤めている人のなかには、職場の人間関係が一番の悩みという人が多い。あるいは家庭の嫁姑関係がうまくいっていない人もいる。そういう人はあらゆる蝶番を外した地盤、日本語を構成する以前の地盤を工夫してごらんなさい。すぐに役立つと思う。

それをもっと根本的にいえば「文句なく生まれる以前に堕(お)ろされて、文句もいえず南無阿弥陀仏」ということだ。生まれる以前に堕ろされてしまったら、これは相談なしだ。「なぜ堕ろしやがった」と文句の一つもいえない。それで仕方がない、南無阿弥陀仏、南無阿弥陀仏、南無阿弥陀仏――。

結局、誰でも彼でも本当はナントモナイ生命実物地盤を生きているのです。みんな能と所、主観と客観を構成する以前の地盤で、日本語的な意味の世界をつかみ出しもするし、生存競争的意地悪という世界も作り出しているのです。ただそのなかにアタマを突っ込んで、それだけをすべてとして生きているから大事(おおごと)になってしまう。大切なことは意地悪とかなんとかいう処に首を突っ込んで一緒にヤッサモッサやってもつまらないから、もうパッと手放しすることだ。

『彼の人曰く、「仏性は大なりや小なりや」。
　尊者曰く、「仏性は大に非ず小に非ず、広に非ず狭に非ず、福無く報無く、不死不生なり」。
　彼、理の勝れたることを聞いて、悉く初心を廻らす』

それはそうだ。仏性はアタマ手放し一切二つに分かれる以前なのだから、「大」でもない「小」でもない、「広」に非ず「狭」に非ず、「福」なく「報」なく、「不死不生」だ。人間的分別を働かせればこそ、大小、広狭、福報、生死もあるけれど、なあにそういう人間的分別や思いはアタマの分泌物でしかない。仏性とはそういう生死の分別を超えているいまの生命実物だ。

それでみんなようやく、なるほどとよく納得して、初めて聞く気になった。

『尊者、また坐上に自在身を現ずること、満月輪の如し。一切衆会、唯法音のみを聞いて、師相を覩ず』

「自在身を現ず」とは、生命実物が自ら生命実物であることだ。そのかぎりこの皮肉骨髄と仏性との二つはない。二つは一つだ。その一つさえも隠れてしまう思いが手放された実物の形、それが「満月輪」の如き自在身です。

普勧坐禅儀の冒頭に「原ぬるに夫れ、道本円通」という言葉があります。私はこれを分かりやすい言葉でなんとか現代語訳しようと思って、ずいぶん苦心した。円通をなんと訳したらいいのか。

円というのは丸くて端がないのだから「足し前がいらない」でピッタリする。だけど通というのはなかなかうまくいえない。便所に入りながら――はあ通じがいいのだな、通じがいいならフン詰まりしていないんだな。それで「足し前いらず、フン詰まりなし」という言葉が出てきた。この無欠無余の円通のことを、いま満月輪の如しというのです。

これはもう愚図っていないんだ。欠ける処があればこそ、何か足し前が欲しくて、アレが欲しいアレがなんとかなったらといってウロウロする。そうかと思うと、もう行き詰まって死ぬよりほか仕方がないといってフン詰まりを起こす。娑婆の人はみんな愚図っているのだ。大切なのは自己が自己として完結していなければ駄目です。

その点坐禅を真面目にやってきた人は、定年になってからでも愚図っていない人が多いようだ。やっぱりそういう人は坐禅を続けて良かったのだと思う。坐禅というのは完結している姿だ。完結している坐禅をしていればこそ、定年になって誰も相手になってくれないからといってもウロウロしないもの。坐禅は誰も相手になってくれなくてもいいという姿勢です。

だから決して龍樹尊者だけが満月輪なのではなく、みんなアタマ手放ししようと思えばできる生命実物を生きている。そのかぎりみんな足し前いらずフン詰まりせず、無欠無余の満月輪だ。

そういう生命実物がいきいきと生命実物に畢竟帰る運転が仏性です。しかしそういうといかにも「運転する人」と「運転される場」と二つあるかのように聞こえる。ところがいま生命実物というかぎり二つではない。「運転する人」も「運転される場」もそれぐるみで、只管運転するのが実物なのだ。実物というのは、事実只管運転しているということだ。

すると「ああなるほど、生命実物ってそういうものなんですか」といって、またこれを向こう側において観賞してしまう人がいるけれど、それでは駄目だ。われわれ生命実物を生きる当の本人なのだから、いつでも私が生命実物運転只管という以外にない。ああなるほどこれが生命実物、これが只管といって出会えるものは何一つない。ただやっているのが只管であり、ただやっていることこそが生命実物なのだ。

生命実物只管、只管生命実物、この不二性こそを仏性というのです。

これも坐禅に親しんでいると、その辺の構造がよく分かる。坐禅というのは、考えごとでもないし居眠りでもない。ただ骨組と筋肉で正しい坐相をねらってじっと坐っていることだ。ところがそれでいい坐禅の境涯になったと思ったら、その途端に坐禅から外れてしまう。それはいい境涯になったという妄想をなぐさんで考えごとをしているのでしかない。ではその的中が覚知されないのなら正しい坐禅はないのかといえば、あるんです。一所懸命正しい坐相をただねらっている、覚知できないままただやっている——それがいい坐禅の実物だ。ただねらうことが生命実物であり、生命実物とはただねらっているということだ。この不二性が仏性です。

そこでアッ只管になった、チーンジャラジャラと、悟りの玉が出てくるのならはなはだやり甲斐がある。しかしそれは凡夫が物足りて得意になるだけで、道元禅師の教える只管打坐にはズバリ的中ということはない。凡夫を喜ばすような悟りはないのだ。

ただやっている。だから坐禅のときはみんな本当に物足りない思いをしながら坐っているのですよ。これでいいのかしら、これでいいのかしらと思いながら、それでも一所懸命坐禅をねらって発心百千万発していくことが大切だ。物足りぬが物足りぬの処にじーっと落ち着いて坐っている、これが只管打坐だ。そこがいかにも円月相というにふさわしい。これは大いに満たされてカッカ燃えているような日輪の姿ではありません。どこまでもアテは満たされないで物足りぬが物足りぬまま、無色透明な処にただ澄んでいく。これはいかにも秋の皓々とした満月の姿です。

　そういう生命実物地盤にあるかぎり、龍樹という人の業相の姿は隠れてしまう。二つは一つでその一つさえも隠れてしまい、天地一杯の生命から鳴ってくる「法音」だけになってしまう。

『彼の衆の中に、長者子迦那提婆といふもの有り、衆会に謂って曰く、「此の相を識るや否や」。

　衆会曰く、「而今我等目に未だ見ざる所、耳に聞く所無く、心に識る所無く、身に住する所無し」』

迦那提婆という人は龍樹尊者の法を嗣いだ人です。先に「法音のみを聞いて」といい、後で「耳に聞く所無く」というのは、いかにも言葉が矛盾しているようだけれど同じことをいっている。それは天地一杯からの法音のみを聞いているということは、決して感覚的な六識地盤で二つに分けた後の向こう側のものを、見たり聞いたりという話ではない。それで「目に未だ見ざる所、耳に聞く所無く、心に識る所無く、身に住する所無し」という。

『提婆曰く、「此れは是れ尊者、仏性の相を現じて、以て我等に示す。何を以てか之を知る。蓋し、無相三昧は形満月の如くなるを以てなり。仏性の義は廓然虚明なり」。言ひ訖るに、輪相即ち隠る。また本坐に居して、偈を説いて言く、
「身に円月相を現じ、以て諸仏の体を表す、
説法は無の其の形なり、用辯は声色に非ず」』

ふだんわれわれは他とのカネアイの処に相をもち、そういう肩書きだけが自分というものの値打ちだと思っている。ところがいま我慢なく、他とのカネアイがなければ無相だ。坐禅して一切手放しのときそこには部長も課長もない、美人もヘチャもない、一切の肩書きなしにただオレがオレしている「無相三昧」だ。ただオレがオレとして完結している自受用三昧だ。完結しているから無欠無余、足し前いらずフン詰まりせず、これを「形満月の如し」という。
「廓然」とは心に一物なく目前に相手を見ないことで、心むなしくわだかまりのない貌。「虚明」とはむなしく明らかなこと。要するに仏性はこれといってつかめるような一物が何もない。

そこにおいて隠れるといっても現われるといっても、じつは生命実物三昧の隠現でしかない。とすれば「身現円月相」とは、龍樹そのものが構成される以前の諸仏体だ。一切の分別を超えているいまの生命実物だ。「用辯」とは説法のことですが、説法というときには尽界がみな説法、身現というかぎりは法界ことごとくが身現です。

ふつう「説法」というのは、上の人が下の人に何か説いて聞かせることくらいに思っている。ところが真の説法はそういう口業にかぎらない。「水鳥樹林悉皆、念仏念法念僧」というように、生命実物地盤からいったら山川草木すべてが説法しているのです。すべてが無相の説法なのです。だからここで私が言葉を尽くしていかにも仏法を説いているような――そんなことが説法ではない。そういう形をもっていない宇宙尽界何から何までが説法している。天地一杯の説法をしている。ただそれにこちらが波長を合わせて聞かなければ仕方がない。坐禅というのは波長を合わせてその説法を聞いている姿だ。

『しるべし、真箇の「用辯」は「声色」の即現にあらず。真箇の「説法」は「無其形」なり。尊者かつてひろく仏性を為説する、不可数量なり。いまはしばらく一隅を略挙するなり。「汝欲見仏性、先須除我慢」。この為説の宗旨、すごさず辦肯すべし。「見」はなきにあらず、その見これ「除我慢」なり。「我」もひとつにあらず、「慢」も多般なり、除法また万差なるべし。しかあれども、これらみな見仏性なり。眼見目覩(げんけんもくと)にならふべし』

龍樹尊者は著作も多く、たくさん説法をしてきた人だから、仏性ということもいろんな処で説いている。

この「我慢を除いて仏性を見る」ということは、月に我慢の雲がかかって見えないから、なんとかその雲を取り除いて月を見ようというような常識世間の話ではありません。「見る」といっても即「除我慢」だ。そこに見る私、見られる世界の二つがない。一切二つに分ける我慢を手放した処の話だ。するともうすべてが仏性だけで、すべてが生命実物の世界。その仏性だけの処につかり込んでしまえば、そのとき「見仏性」というのです。

そうすれば汝も欲することも須(すべか)らく我慢を除くということも、みんな仏性、すべてが仏性、万差も多般も一つにあらずということも、すべて天地一杯の生命実物以外に何もない。要するに二つに分かれる以前の実物にズンブリつかって「二つが一つ、その一つさえも隠れてしまう」――それが見仏性だ。たびたび引用していますが私の生死法句詩抄の言葉は、この巻を読むのにそのまま当てはまるからよく読んでごらんなさい。

「眼見目観にならふべし」、眼が見、目が観(み)るとは、見仏の見にならえということ、つまり能所とも生命実物地盤に置いてしまうことだ。古来「尽十方界沙門一隻眼(じんじっぽうかいしゃもんいっせきげん)」という言葉もあるように、尽十方界が坊さんの一つの目玉なのだ。これ、目が目を見るわけにはいかない。いくら頑張ってもオレの目玉の実物をオレの目玉で見ることはできない。見る見られるに分けられない尽十方界だ。

御聴書抄にとてもいい註が出ています。

「又一心欲見仏、不自惜身命(ふじしゃくしんみょう)の心なるべし、身命をしまずと云ふ事は、ただいたづらなる業報の衆生の肉身を岸になげ、虎にくはれよとにはあらず、身をのこす所なく、仏性と体脱するを、不自惜身命とは云べきなり」

眼見目覩にならえというのは、「一心欲見仏、不自惜身命」の心だという。これは法華経如来寿量品の言葉で、本当に仏を見ようと思ったら自分の身命を惜しんでいては駄目だということです。ところがそれを聞いて頭の単純なやつは「私は命がけで道を求めています」とタンカを切って、断崖の上から身を投げたり、虎に命を投げ出すことかと思う。そういうあざとい話ではないということだ。

本当の不自惜身命とは、自分というものを考えないで仏性と体脱する――要するに我慢をやめて生命実物地盤につかり込んでしまうことだ。みんな誰でも彼でも生命実物を生きているのですから、その生命実物地盤としての自分に帰るのが不自惜身命です。ところがみんなその生命実物を見失って、「あの人が意地悪した」「あの人がこんなこといった」と頭の先っぽで考えたことばかり追っているから、宙に浮いてしまう。それを手放して本来の生命実物に帰ることが、「眼見目覩にならふべし」です。

『「仏性非大非小」等の道取、よのつねの凡夫二乗に例諸することなかれ。偏枯に仏性は広大ならんとのみおもへる、邪念をたくはへきたるなり。大にあらず小にあらざらん正当恁麼時の道取に罣礙せられん道理、いま聴取するがごとく思量すべきなり。思量なる聴取を使得するがゆゑに。

しばらく尊者の道著する偈を聞取すべし、いはゆる「身現円月相、以表諸仏体」なり。すでに「諸仏体」を「以表」しきたれる「身現」なるがゆゑに「円月相」なり。しかあれば、一切の長短方円、この身現に学習すべし。身と現とに転疎なるは、円月相にくらきのみにあらず、諸仏体にあらざるなり』

「凡夫」はいつでも能と所、見る主観と見られる客観に分けて考えているし、「二乗」はいつでも悟りと迷いとまた二つに分けて考えている。そして悉有仏性などといえば、仏性は大きいものとだけ頑固に思っている。ところがそんな物理的空間の話ではない。大でない小でない二つに分かれる以前だ。その「正当恁麼時の道取に罣礙せられん道理」とは、「非大非小」という仏性に邪魔されて仏性以外でなくなることがないということです。

いまこうして皆さん聞いていることでも、聞いていることそのことが仏性、生命実物だ。だからまっすぐ生命実物として受け取るということだ。それなのに「どういうことかなあ」と頭の先っぽだけで考えようとしてはいけない。いま聞いた如く思量しそれをまた使うということ、それらがみんな生命実物としての仏性なのだ。

そういうつもりで「尊者の道著する偈を聞取」すべきだ。いわゆる身現円月相という、鏡のようにまん円い身を神通力で現わしたと思う人がいるけれど、そうではない。龍樹尊者の身はまったく欠けた処がなく、フン詰まりもしていない。その無辺際な生命実物の姿を「円月相」といっただけです。尊者が結跏趺坐（けっかふざ）している形そのものが実物の身現であり、仏性であり、諸仏体を表わしている。諸仏体を表わしている身現だから、このとき業相としての龍樹はもう隠れている。

いや事実われわれが坐禅している場合でも、私が隠れてしまってそこに仏さんが現われているのです。その無欠無余の姿を円月相という。

「しかあれば、一切の長短方円、この身現に学習すべし」――本当にそういえばあらゆるものがことごとく身現だ。

澤木老師は、来た人によく「アホは黙っとれ！」と怒鳴っていた。黙って坐禅していれば、これみんな身現で円月相だ。確かにみんな完結して、足し前いらずフン詰まりせずという顔をしている。ところがそこで何かモノを言い出すと、なんだかんだと結局アホウを展開し並び立ててしまう。そうするとこの人は小さなアタマのなかにこれだけ複雑な悩みを詰めているのかとよく分かる。しかし、それでもアタマ手放しさえすれば、それさえもパッとなくなってしまうのだから心配することはない。

『愚者おもはく、尊者かりに化身を現ぜるを円月相といふとおもふは、仏道を相承せざる儻類の邪念なり。いづれのところのいづれのときか、非身の他現ならん。まさにしるべし、このとき尊者は高座せるのみなり。身現の儀は、いまのたれ人も坐せるがごとくありしなり。この身、これ円月相現なり。身現は方円にあらず、有無にあらず、隠顕にあらず、八万四千蘊にあらず、ただ身現なり。円月相といふ、這裏是甚麼処在、説細説麤月（這裏是れ甚麼の処在ぞ、細と説き、麤と説く月）なり。この身現は、先須除我慢なるがゆゑに、龍樹にあらず、諸仏体なり。「以表」するがゆゑに諸仏体を透脱す。しかあるがゆゑに、仏辺にかかはれず。仏性の「満月」を「形如」する「虚明」ありとも、「円月相」を排列するにあらず』

身現円月相を龍樹尊者がまあるい鏡のように化けた変化身のことかと思ってはいけない。このとき尊者はただ坐禅していただけだ。耳、肩に対し、鼻、臍に対して、ただ結跏趺坐していただけだ。だから尊者の体、皮肉骨髄そのままが円月相を現じている。皆さんが坐禅しているときでも同じく円月相現だ。この身現はあらゆる二つに分かれる以前、ただいまの生命実物にいま帰っていることだ。思いが手放された実物の形、天地一杯実物の深さです。

「這裏是れ甚麼の処在ぞ、細と説き、麤と説く月」というのは、黄檗が宣宗皇帝にいった言葉ですが、円月相とはこのことです。生命実物を月といったかぎり、法界の内外全部が月だ。細も月なら麤も月、月でないものは一つもない。

この身現円月相は「先須除我慢」の姿だから、龍樹も手放し、諸仏体をも手放している。それで仏辺にもかかわらない。

「形如」とは「形満月の如し」からきている言葉で、象(かたど)るということ。仏性ということは満月をもって象るような虚明さがあるけれど、月の円い形を並べたようなものではない。くだいていえば生命実物が生命実物しているというとき、足し前いらずフン詰まりせずで完結しているからこそその姿がいかにも満月の趣だ。しかし満月といっても、そんなお月さんみたいなまあるいモノがあるのではないということです。

『いはんや「用辯(ようべん)」も「声色(しょうしき)」にあらず、「身現」も色心(しきしん)にあらず、蘊処界(うんじょかい)にあらず。蘊処界に一似(いちじ)なりといへども「以表」なり、「諸仏体」なり。これ説法蘊なり、それ「無其形(むごぎょう)」なり。無其形さらに「無相三昧」なるとき、「身現」なり。一衆いま円月相を望見(もうけん)すといへども、「目(もく)所未見(しょみけん)」なるは、説法蘊の転機なり、「現自在身」の「非声色」なり。即隠、即現は、輪相の進歩退歩なり。「復於座上現自在身(ぶおざじょうげんじざいしん)」の正当恁麼時は、「一切衆会(いっさいしゅえ)、唯聞法音(ゆいもんほうおん)」するなり、「不(ふ)覩師相(としそう)」なるなり』

「用辯」説法といっても耳に聞こえる声でなし、「身現」といっても目に見える物質的姿ではない。「蘊処界（うんじょかい）」とは、仏教教義でいう五蘊（ごうん）・十二処・十八界のこと。五蘊は色・受・想・行・識で、一切法を五つの要素に分けたもの。十二処十八界は一切法を認識の上から考えて、主観としての六根（ろっこん）、客観としての六境（ろっきょう）（六根と六境で十二処）、そして認識そのものとしての六識（ろくしき）（これで十八界）に分けたものです。

　しかしいまは主客分離以前の、ナマナマしく生きている世界であって、決して向こう側に分析した世界の話ではないから「蘊処界にあらず」という。それは「以表」という生命実物として表われているし、「諸仏体」でもあるし、生命実物としての「説法蘊」でもある。「無其形」――つまり決まった形はないということでもある。「無相三昧」とは他とのカネアイの相ではないということ、そういういまの生命実物にいま帰ったら「身現」だ。

　だからみんなが龍樹尊者の「円月相を望見」しているといっても、感覚的な対象としてではない。しかしその感覚的には見えないという処に「説法蘊」があり、「説法蘊の転機」の働きがある。どうせ仏法というのは目に見えるシロモノではないですよ。生命実物が自ら生命実物であるということは「非声色」だ。

　いま龍樹尊者の説法の姿を円月相といったから、高座へ上がったり降りたりする姿を「輪相の進歩退歩」という。完結した生命実物の進歩退歩だ。純粋に生命実物が生命実物として自らあるときは、無其形の説法を聞くばかりです。それが法音で、特別にどういう相が決まっているというものではない。

「若以レ色見レ我　以二音声一求レ我　是人行二邪道一　不レ能レ見二如来一」

もし肉体的な相をもってお釈迦さまを見、耳に聞こえる音声をもってお釈迦さまを求めるのなら、この人は邪道を行じているのであり、決して如来を見ることはできないと金剛般若経に出ている。仏法の話はだから感覚的なものを見ていてはならない。

まあ私の話を聞きに来る人でも、内山さんは男前がいいからとそんなつもりで聞きに来る人がもしいたとしたら、これは是人行邪道でとても駄目だ。仏法の話にはならない。お釈迦さまの仏法の話は、色でもない音声でもない本当の無相なのだから、その無相を聞きとらなければならない。その無相はといえば、なあに天地一杯から鳴っている法音があるのです。その天地一杯から鳴っている法音を聞きとっていかねばなりません。

『尊者の嫡嗣迦那提婆尊者、あきらかに満月相を「識此」し、円月相を識此し、身現を識此し、諸仏性を識此し、諸仏体を識此せり。入室瀉餅の衆たとひおほしといへども、提婆と斉肩ならざるべし。提婆は半座の尊なり、衆会の導師なり。全座の分座なり。正法眼蔵無上大法を正伝せること、霊山に摩訶迦葉尊者の座元なりしがごとし』

迦那提婆尊者はそういう無相の仏性、満月相の身現をはっきり知っている。
「入室」とは、師の堂奥(どうおう)に親しく参ずること。「瀉餅」とは、一器の水が一器に移されることで、つまり提婆という人は師の龍樹からそっくり法を伝えられた唯一の人です。「半座の尊」とは、釈尊が迦葉尊者のために半座をゆずって伝法を証したという故事からきている。「座元」は首座(しゅそ)のことで、僧堂で修行する弟子のなかで筆頭の人。

『龍樹未廻心(みえしん)のさき、外道の法にありしときの弟子おほかりしかども、みな謝遣(しゃけん)しきたれり。龍樹すでに仏祖となれりしときは、ひとり提婆を附法の正嫡(しょうちゃく)として、大法眼蔵を正伝す。これ無上仏道の単伝なり。しかあるに、僭偽(せんぎ)の邪群ままに自称すらく、「われらも龍樹大士の法(はっ)嗣(す)なり」。論をつくり義をあつむる、おほく龍樹の手をかれり、龍樹の造にあらず。むかしすてられし群徒の、人天(にんでん)を惑乱するなり。仏弟子はひとすぢに、提婆の所伝にあらざらんは、龍樹の道(どう)にあらずとしるべきなり。これ正信得及(しょうしんとくぎゅう)なり。しかあるに、偽なりとしりながら稟受(ひんじゅ)するものおほかり。謗大般若(ほうだいはんにゃ)の衆生の愚蒙(ぐもう)、あはれみかなしむべし』

龍樹尊者という人は、出家する前はずいぶん悪いことをしてきた人らしい。いろんな外道の法に通じていい気になっていたのが、無常を感じて小乗仏教を学んだあげく大乗に移ってきた。非常にバイタリティーのある業相の秀れた人だったので、いろんなことをやってきたその先々でいろんな弟子がいたに違いない。しかし仏法に入ってからはそういう弟子たちにみな「謝遣（しゃけん）」、暇を出してしまった。そして本当に仏祖となったときには、迦那提婆尊者だけを正嫡とした。

ところがその後、以前の弟子たちがみんな「オレも龍樹尊者の弟子」「オレも龍樹尊者の弟子」といって、いろいろな論を造り義を集めた。これについては私も澤木老師が遷化（せんげ）されたときに、つくづく思い知らされました。何しろ「オレも澤木老師の弟子」「オレも澤木老師の弟子」というのがワンサと出てくるのだ。よく聞いてみたら駒沢大学の教え子だとか、参禅会で一度話を聞いたことがあるとか、なかには老師に叩き出されたやつまで弟子を自称している。しかし弟子というかぎりは、本当に澤木老師についてずっと修行してきて、初めて弟子といえると思う。

龍樹尊者の場合も、そんないろんな自称弟子が出てきて人を惑乱した。だから正嫡である提婆尊者を通しての話でなければ龍樹の言葉ではないと知るべきだ。それが「正信得及」――正信にして初めて道に入ることができるということです。

「しかあるに、偽なりとしりながら稟受する」、いやあ世の中広いんでね、みすみすあんなのはニセ物だって分かっていても近づいている人が事実多いのだから悲しむべしだ。

『迦那提婆尊者、ちなみに龍樹尊者の身現をさして衆会（しゅえ）につげていはく、「此是尊者、現㆓仏性相㆒、以示㆓我等㆒。何以知㆑之。蓋以㆔無相三昧形如㆓満月㆒。仏性之義、廓然虚明（此れは是れ尊者、仏性の相を現じて、以て我等に示すなり。何を以てか之を知る。蓋し、無相三昧は形満月の如くなるを以てなり。仏性の義は、廓然として虚明なり）』

分別すればこそいろんな相が出てきますが、無相三昧というのは一切分別以前だから無欠無余そのままで完結している。ところがふだんのわれわれはいつでも頭のなかで何かつかんで、そのつかみ込んだ世界のなかに生きている。つまり頭が展開する妄想世界のなかに彷徨っている。

先日私がいつもの宇治川べりを散歩して帰ってくると、そこの街角で中年の男の人が向こうを向いてしゃがみ込んでいた。見ると何か毛布でくるんだ荷物みたいなものを抱えている。妙だなあと感じながらそこを通り過ぎたのですが、それは荷物ではなくて人間だった。何かいっている声が聞こえてきた。それで私、もしかして急病で苦しんでいるのかもしれないと思って引き返し、「ご気分でも悪いのですか」とたずねた。すると「いいえ、なんでもありません。おっつけ友だちが車で迎えに来るんです」という。ところが私が声をかけたのを聞いて、その保護されているお婆さんがヒューヒューいうような声で急にわめき出したわけだ。それで私はハハンとすぐ分かったから、その場を立ち去りました。

現代は高齢化社会でしかも時は木の芽どき、こういういわゆる呆け老人が家を飛び出してしまって、若い人が追っかけてようやくつかまえて連れ戻すというような風景は、これからよく見る時代になるのだと思う。われわれ老人になればどうせいつかは呆けるのだけれど、私はできるならポーッと楽しく呆けたいと思う。だいたい若いころからヤンチャ切って我儘に生きてきたような人は、体が動かなくなり頭も怪しくなってくると、自分の頭のなかで矛盾を起こして悲惨な妄想世界を展開するのだと思う。そしてそのなかに閉じこもり毛布まで引っかぶって「世の中まっ暗だ、まっ暗だ」とのたうっているのだから、本当にかわいそうだ。そういう老人を抱えた家族の人ももちろん大変だけれど、悲惨な妄想世界を展開してそのなかだけで生きているという老人自身が一番哀れだと思う。

せめてわれわれ、もう少し若いときからアタマ手放しを心がけ、大空を見上げることに慣れ親しんでおかなければならない。しかし慣れておくべきだといっても、そういうアタマ手放しの世界をオレが手作りするということではない。かえってオレの手作りを一切手放してやめることだ。その一事が大切です。事実としてはすでにわれわれ思っても思わなくても、信じても信じなくても、知っていても知らなくても、そういう一切分離以前の生命実物を生きている。その絶対事実の生命実物に坐禅して落ち着いて澄み浄くなっていく、それだけです。

われわれ、いつでもその生命実物を見失って、ああなければならぬ、こうなければならぬ、いや思うようにならぬと愚図っているわけですが、一旦思い以上の生命実物に帰ってみればナントモナイ。足し前もいらない、フン詰まりもしていない。これが「無相三昧は形満月の如し」です。「仏性の義は、廓然として虚明なり」です。

『いま天上人間、大千法界に流布せる仏法を見聞せる前後の皮袋、たれか道取せる、「身現相は仏性なり」と。大千界にはただ提婆尊者のみ道取せるなり。余者はただ、仏性は眼見耳聞心識等にあらずとのみ道取するなり。身現は仏性なりとしらざるゆゑに道取せざるなり。祖師のをしむにあらざれども、眼耳ふさがれて見聞することあたはざるなり。身識いまだおこらずして、了別することあたはざるなり。無相三昧の形如満月なるを望見し礼拝するに、「目未所覩」なり。「仏性之義、廓然虚明」なり』

「前後の皮袋」とは、前代の人後代の人。人間のことを臭い皮袋という。

みんな只管行じるこの身このままが仏性であると知らないで、仏性とは仏さんの性質ぐらいに思っている。つまり目には見えないが一つの観念的な実在だと思っている。ところが道元禅師のいわれている仏性とは只管ということだから、生命的であり、いきいきと動的なのだ。

澤木老師が小僧のころ、こっそり坐禅していたら、ふだん横柄に使いまくっていた婆さんが見て坐禅の姿をヘタヘタと伏し拝んだという話をよくされていた。そしてそのとき、坐禅の姿はナンでもナンゾやだと思い、そこから坐禅するのだと最晩年はことに強調されていました。つまり坐禅そのものの姿、坐禅という身現がそれほど尊いという話なのですが、これを提唱のたびにくりかえすものだから、澤木老師も呆けたという人がいた。そういう人はまさに「身現は仏性なりとしらざるゆゑに道取せざるなり」だ。澤木老師は坐禅そのものの姿がそれほどに尊いのだと、年をとれば年をとるほど身に沁みていたのに違いありません。

ところがみんな坐禅という姿そのものがそれだけで尊いとは信じられず、どうしても坐禅のほかに何か一物つかまえなくてはならないのだと考える。それはまだ本当の意味の眼耳が開かず、体で仏性を知らないからだ。それで龍樹尊者の肉身がそのまま満月のような完結した姿であるのを、「望見し礼拝し」ているのに分からない。

『しかあれば、「身現」の説仏性なる、「虚明」なり、「廓然」なり。説仏性の「身現」なる、「以表諸仏体」なり。いづれの一仏二仏か、この以表を仏体せざらん。仏体は身現なり、身現なる仏性あり。四大五蘊と道取し会取する仏量祖量も、かへりて身現の造次なり。すでに諸仏体といふ、蘊処界のかくのごとくなるなり。一切の功徳、この功徳なり。仏功徳はこの身現を究尽し、嚢括するなり。一切無量無辺の功徳の往来は、この身現の一造次なり』

仏性というのは現ナマの生きた実物ですから、これは「身現」でもあり、「説仏性」でもあり、「以表諸仏体」でもある。「虚明」でもあり、「廓然」でもあり、アタマ手放し了々としている。口だけがモノをいうと思っていたら大間違い。目だってモノをいう、金だって大いにモノをいう。いまの場合只管の態度、現ナマの実物がモノをいう。どの仏もどの仏もこの実物を仏体としている。

だから天地一杯の生命実物がさまざまな形に身を現じ、さまざまな形に現われている身現がまた天地一杯の生命実物でもある。

「四大五蘊と道取し会取する」とは、趙州（じょうしゅう）の次のような問答からきています。

　時に僧有りて問ふ、「承るに師に言へること有り、世界壊する時此の性不壊なりと。如何ならんか是れ此の性」

　師（趙州）曰く、「四大五蘊」

　僧曰く、「此れは猶是れ壊底、如何ならんか是れ此の性」

　師曰く、「四大五蘊」

　ある僧が趙州に「あなたは世界がすべて壊れたときも、これだけは壊れないというモノがあるという。それはどういうモノですか」とたずねた。そしたら趙州曰く「四大五蘊」――地水火風を四大、色受想行識を五蘊という。つまり環境世界とこの身心のこと――その僧は驚いて「そりゃ、この体や存在しているものは無常で壊れるじゃないですか。壊れないモノを教えてください」といったら、また趙州は「四大五蘊」と答えた。

　いや壊れないものといって何がそうなのかといえば、生命実物だけが壊れないのだ。この世の最後が近いから救われるためにこの教えを信じなさいと、盛んに宣伝している宗教がある。でもね、この世が壊れないなんてことはあり得ないのだ。銀河系宇宙さえもどうせ壊れる。大宇宙そのものもいつかは壊れてしまう。どうせ壊れるといったら全部壊れる。

では何が壊れないのかといったら、壊れる壊れない分かれる以前の只管生命実物、それだけが壊れない。分かれる以前といったらまったく不壊の性だ。

「仏量祖量」とは、仏祖としての力量のことで、この身このままの実物のわずかな振舞い、つまり思い手放しで只管やっているということがその力量であり、「諸仏体」というのはその如是実相のことをいう。

「嚢括（のうかつ）」とは、残らず包み取ること。「仏功徳」は、さまざまな身の現われをすべて尽くして包み取っている。結局、無量無辺の功徳とは何か。それは自分が自分を自分するという自在身が、只管という「身現」として働いていることに尽きる。


『しかあるに、龍樹・提婆師資（しし）よりのち、三国の諸方にある前代後代、ままに仏学する人物（にんもつ）、いまだ龍樹・提婆のごとく道取せず。いくばくの経師論師等か、仏祖の道を蹉過（さか）する。大宋国むかしよりこの因縁を画（が）せんとするに、身に画し心に画し、空に画し、壁に画することあたはず、いたづらに筆頭に画するに、法座上に如鏡なる一輪相を図して、いま龍樹の身現円月相とせり』

ところが仏性について龍樹・提婆のような受け取り方をしている人はいないという。どれほど多くの経師論師がこの仏道を誤まってきたかしれない。

それで龍樹尊者が円月相を現じたというこの因縁を画にしようとしても、どうしてもかけない。ただ筆でもって「法座上に如鏡なる一輪相」をかいて、これが身現円月相だといっている。これじゃあ、日本人なら天照大御神だと思ってしまう。

『すでに数百歳の霜華も開落して、人眼の金屑をなさんとすれども、あやまるといふ人なし。あはれむべし、万事の蹉跎たることかくのごときなる。もし身現円月相は一輪相なりと会取せば、真箇の画餅一枚なり。弄他せん、笑也笑殺人なるべし。かなしむべし、大宋一国の在家出家、いづれの一箇も、龍樹のことばをきかずしらず、提婆の道を通ぜずみざること。いはんや身現に親切ならんや。円月にくらし、満月を虧闕せり。これ稽古のおろそかなるなり、慕古いたらざるなり。古仏新仏、さらに真箇の身現にあうて、画餅を賞翫することなかれ』

「人眼の金屑」とは、人の眼に入った黄金のすり屑のこと。どんな高価な黄金でもゴミになって目のなかへ入れば、正しくものを見ることができなくなってしまう。そんなふうに万事において躓き食い違っている。もし龍樹尊者が円月相を現じたということが筆で円をかいたようなものなら、まったく画にかいた餅でしかない。画餅をかいておいしい餅だといって賞翫しているようなことは、じつに笑うべき話だ。

大宋国の在家出家は誰一人として龍樹・提婆の真意を知らない。生命実物としてのこの身心も、無欠無余で完結しているその在り方もまったく知らない。それは永遠としての昔を慕い、それを修行することがおろそかだからだ。

「古仏新仏」というのは、道元禅師が会下に修行している人たちを仏と見たてて呼びかけている。実物に目を開きなさい、そんな画にかいた餅を、ああ結構といっていては駄目だと。

『しるべし、身現円月相の相を画せんには、法座上に身現相あるべし。揚眉瞬目それ端直なるべし。皮肉骨髄正法眼蔵、かならず兀坐すべきなり。破顔微笑つたはるべし、作仏作祖するがゆゑに。この画いまだ月相ならざるには、形如なし、説法せず、声色なし、用辯なきなり。もし身現をもとめば、円月相を図すべし。円月相を図せば、円月相を図すべし、身現円月相なるがゆゑに。円月相を画せんとき、満月相を図すべし、満月相を現ずべし』

易者の看板は日月星辰であり、仏家は坐禅している仏さんを看板にしている。同じ天地一杯のいのちを表わしているのだが、仏家の方がはるかに勝れているという話が、二宮翁夜話にあったと思う。

いま、もう一つ付け加えると、キリスト教では十字架上に磔になったイエスさまを看板にしている。これは人間の肉の思いの死を象徴しているので、キリスト教も仏教も易も、みんなたった一つのことをいおうとしているわけだ。看板としてどれがいいか悪いかはおくとして、いまわれわれの坐禅というのは「二つが一つ、その一つさえも隠れてしまう、思いが手放された実物のかたち、天地一杯実物の深さ」という形なのだ。ただ円をかいて良しとするのはお粗末といわなければならない。

だから身現円月相をかこうと思ったら、本当の只管打坐している姿がなければ駄目だ。一輪相を円くかいただけでは、形も、説法も、声もない。もうまっすぐ身現の円月相をかくべきだ。

その点、坐禅というのはもっとも静かな姿勢だ。十字架の上でイエスさまが槍に突かれて血を流している姿、手には釘まで打たれているナマナマしい姿は、少なくとも静かな落ち着いたものではない。坐禅の姿というのが一番静かで満月のように完結している。

『しかあるを、身現を画せず、円月を画せず、満月相を画せず、諸仏体を図せず、「以表」を体せず、説法を図せず、いたづらに画餅一枚を図す、用作什麼（用て什麼にか作ん）。これを急著眼看せん、たれか直至如今飽不飢ならん。月は円形なり、円は身現なり。円を学するに一枚銭のごとく学することなかれ、一枚餅に相似することなかれ。身相円月身なり、形如満月形なり。一枚銭、一枚餅は、円に学習すべし』

「用作什麼」とは、もって什麼にかせんということ。このときに「急著眼看せん」、急いで眼をつけてみよという。これは能見所見のない見、能所二つに分かれる以前の処に眼をつけよということ。つまり除我慢ということをここでは急著眼という言葉でいう。

本当に能所二つに分かれる以前ということがホゾ落ちしたら、「直至如今飽不飢」です。直にいまに至るまで飽いて飢えずだ。なるほど能所分かれる以前の生命実物にオレは生きているのだなとそれだけが徹すれば、それ以後は飽いて飢えることはない。仏道生活そのものに尽きることはない。だからといって「オレも悟ってそういう境涯になりたいものだ」と考えたら間違いです。もうみんなそういう生命実物を生きている。みんな自分が自分を生きるという自在身を生きているのだ。それをただ本気になって生きるというのが、いつもいう只管です。それなのにそれを境涯として向こう側へもっていってしまうから駄目だ。われわれ仏性を生きる当の本人なのだから、観察者として仏性を求めることはできない。

「月は円形なり、円は身現なり」、本当の円というのは足し前いらずフン詰まりせずで、いまここで現われた自在身として完結している。だから一銭銅貨や一枚の餅の円は、かえってそういう身現の円に学ばなければならない。つまり本物がニセ物に学ぶのではなく、ニセ物こそ本物によく学んで本物の円をかかなければならない。

『予(よ)、雲遊のそのかみ、大宋国にいたる。嘉定(かてい)十六年癸未(きび)秋のころ、はじめて阿育王山広利(あいくおうざんこうり)

禅寺にいたる。西廊の壁間に、西天東地三十三祖の変相を画せるをみる。このとき領覧なし。のちに宝慶元年乙酉夏安居のなかに、かさねていたるに、西蜀の成桂知客と、廊下を行歩するついでに、予、知客にとふ、「這箇是什麼変相（這箇は是れ什麼の変相ぞ）」』

道元禅師が中国へ行かれた折、阿育王山の広利寺で西天東地三十三祖のいろんな画がかいてあるのを見たけれど、そのときは理解できなかった。その後のこと、成桂という知客和尚（知客とは叢林でお客の接待をする役職）と一緒に歩いているとき、そこにかかれていた円い一輪相をさして「これは何の変相か」とたずねた。

『知客いはく、「龍樹身現円月相（龍樹の身現円月相なり）」。かく道取する顔色に鼻孔なし、声裏に語句なし。

予いはく、「真箇是一枚画餅相似（真箇に是れ一枚の画餅に相似せり）」。

ときに知客、大笑すといへども、笑裏無刀、破画餅不得（笑裏に刀無く、画餅を破すること不得）なり。

すなはち知客と予と、舎利殿および六殊勝地等にいたるあひだ、数番挙揚すれども、疑著するにもおよばず。おのづから下語する僧侶も、おほく都不是なり』

すると「龍樹の身現円月相だ」という。しかしその言葉のなかに、この円こそなるほど龍樹の円月相に違いないと納得させるだけの力がなかった。これどうせ画なのだから、坐禅している画をかこうと、まるい円をかこうと、本当はどちらでも構わないようなものだけれど、円い画一つでも相手にこれこそ龍樹の円月相だと思わせるだけの迫力がなければならない。

それがなかったので道元禅師が「これは一枚の画にかいた餅みたいなもんですね」といったら、知客和尚はテレ隠しに笑うだけで画餅をぶち破るだけの力量はなかった。

「六殊勝地」というのは、阿育王山山内の景勝地なのでしょうが、そこを案内してもらっている間にも、なおあの一輪相はどういう意味かと蒸し返すのだが通じない、そこへ口出しする他の坊さんもみんな話にならない。

『予いはく、「堂頭にとうてみん」。ときに堂頭は大光和尚なり。

知客いはく、「他無鼻孔、対不得。如何得知（他は鼻孔無し、対へ得じ。如何でか知ることを得ん）」。

ゆゑに光老にとはず。恁麼道取すれども、桂兄も会すべからず。聞説する皮袋も道取せるなし。前後の粥飯頭みるにあやしまず、あらためなほさず。又、画することうべからざらん法はすべて画せざるべし。画すべくは端直に画すべし。しかあるに、身現の円月相なる、かつて画せるなきなり』

和尚がそのお寺に居る雲水から「ああ、あの人は駄目です」といわれるようでは本当に駄目だね。だからみんな分かっていない。

「粥飯頭」とは、寺の住持（住職）のこと。廊下の壁にかいてあるのだから、阿育王山に代々住持してきた和尚はその画を見ているに違いないのに、少しもおかしいと言い出さない。だいたい、かけないものはかかないことだ。もしかくのだったら本当にまっすぐかくべきだ。

『おほよそ仏性は、いまの慮知念覚ならんと見解することさめざるによりて、有仏性の道にも、無仏性の道にも、通達の端(たん)を失せるがごとくなり。道取すべきと学習するもまれなり。しるべし、この疎怠(そたい)は癈(はい)せるによりてなり。諸方の粥飯頭、すべて仏性といふ道得を、一生いはずしてやみぬるもあるなり。あるいはいふ、聴教のともがら仏性を談ず、参禅の雲衲(うんのう)はいふべからず。かくのごとくのやからは、真箇是畜生なり。なにといふ魔儻(まとう)の、わが仏如来の道にまじはりけがさんとするぞ。聴教といふことの仏道にあるか、参禅といふことの仏道にあるか。いまだ聴教・参禅といふこと、仏道にはなしとしるべし』

仏性はわれわれの頭で分かるものだという考えから一向に醒めないから、通達する入り口さえ見失ってしまう。仏性というのは本当にいきいきした只管自在身の身現なのだから、頭でもって割り切れ、言葉でもって言い尽くせるものではない。

だいたい仏性の参究などということは長くやめてきたので、もう分からなくなっている。方々の和尚方でも仏性ということを一生に一度もいわないで通る人もいる。あるいは「教家の坊さんは仏性についていろいろいうだろうが、われわれ坐禅する坊主はそんなことはいわないのだ」という人もいる。そんなことをいうやつは本当に人間の皮をかぶった悪魔だ。「参禅」とか「聴教」ということは確かにあるけれど、それを別々に考えて、聴教の人は仏性を談じても参禅の人はいわないなどというバカなことは絶対にないということです。

〈八〉一切衆生有仏性の章

——失敗してでもやるべきはやる、いつかやれていく

杭州塩官県斉安国師は、馬祖下の尊宿なり。ちなみに衆にしめしていはく、「一切衆生有仏性」。

いはゆる「一切衆生」の言、すみやかに参究すべし。一切衆生、その業道依正ひとつにあらず、その見まち〱なり。凡夫外道、三乗五乗等、おの〱なるべし。いま仏道にいふ一切衆生は、有心者みな衆生なり、心是衆生なるがゆゑに。無心者おなじく衆生なるべし、衆生是心なるがゆゑに。しかあれば、心みなこれ衆生なり、衆生みなこれ有仏性なり。草木国土これ心なり、心なるがゆゑに衆生なり、衆生なるがゆゑに有仏性なり。日月星辰これ心なり、心なるがゆゑに衆生なり、衆生な

るがゆゑに有仏性なり。国師の道取する有仏性、それかくのごとし。もしかくのごとくにあらずは、仏道に道取する有仏性にあらざるなり。いま国師の道取する宗旨は、「一切衆生有仏性」のみなり。さらに衆生にあらざらんは、有仏性にあらざるべし。しばらく国師にとふべし、「一切諸仏有仏性也無」。かくのごとく問取し、試験すべきなり。「一切衆生即仏性」といはず、「一切衆生、有仏性」といふと参学すべし。有仏性の有、まさに脱落すべし。脱落は一条鉄なり、一条鉄は鳥道なり。しかあれば、一切仏性有衆生なり。これその道理は、衆生を説透するのみにあらず、仏性をも説透するなり。国師たとひ会得を道得に承当せずとも、承当の期なきにあらず。今日の道得、いたづらに宗旨なきにあらず。又、自己に具する道理、いまだかならずしもみづから会取せざれども、四大五陰もあり、皮肉骨髄もあり。しかあるがごとく、道取も、一

生に道取することもあり、道取にかかれる生々もあり。

仏性という言葉が経典で使われている初めの意味は、アタマ手放しして生命実物に刻々帰っていくということでした。ところがこの「仏性」の巻を読み進んでいくと、帰る帰らない、あるいは帰ろうとする私と帰るべき場所が決して分かれていないのだ。われわれ事実世界ぐるみで生きているたった一つの実物だ。そういうことがだんだんはっきりしてきて、結局、二つに分かれる以前の生命実物が、只管生命実物するというほかなくなってきた。道元禅師はそういう生命実物只管という話を、初端の一切衆生悉有仏性から始めてだんだん深くされていきながら大きくひと回りして、いまここでまた一切衆生有仏性の話を取り上げようとされるわけです。

生命実物只管というのは「畢竟帰ろうとする人間」と「畢竟帰るべき場処」の二つに分かれる以前の只管生命実物です。だからこれは絶対一元の世界だ。じつは誰でも彼でも、そう思っても思わなくても、みんな絶対一元の生命実物を生きている当の本人に間違いない。しかしそういう絶対一元のなかに生きていながら、妄想煩悩で生きていることもまた事実だ。とすると、そのなかにまた畢竟帰る処があってていいわけです。そこに仏性ということがある。

いわばこの生命実物をなんとかして生命実物として生きようと、只管生命実物することが仏性ということだ。だからこれは日々の宗教生活でただ深めていくほかない。坐禅を一所懸命にしたあげく一発ドカンと悟った処に仏性の境地が開けるなどという、個人的境地境涯の話ではないのです。かえってわれわれは日々刻々、この宗教生活していく深さを修行しなければなりません。

『杭州塩官県斉安国師は、馬祖下の尊宿なり。ちなみに衆にしめしていはく、「一切衆生有仏性」』

最近「人と言葉」という本を贈ってもらったが、これはノーベル賞の朝永振一郎博士のことを書いたもので、科学についての文章はさっぱり分からない。しかし朝永さんは落語や小話も好きだったらしく、そのなかの一節「努力の努の字を分析すれば、女の又をわる力」――こいつだけはよーく分かった。いや男の努力といって何を一所懸命にやっているのかといえば、女の又をわる力で努力しているやつが多すぎるのだと思う。これは努力の方向が違うもの。

やはり本当に努力すべき方向は何かといえば、アタマ手放しでマッサラな自己の生命実物を生きること、只管以外にない。それを一つ間違えると因果歴然だ。

その点つくづく思うのに、人間生きていくというのは厳しいものだ。われわれいつでも右か左かという選択を迫られている。そしてその時点では、右へ行こうと左へ行こうといかにも自由だ。それが十年経ち二十年経つと、その選択が大きく決定的なものになってしまう。私がいつもいうように、向上するのも自分持ち、堕落するのも自分持ちですよ。

たとえばこのごろ世間の奥さんたちを見ていると「女性は目覚めた」といって何をするのかと思ったら、旦那さんも子どもたちも家庭も放っぽり出して、自分の好き勝手なことを始める人がいる。いったい本当に目覚めたのか、そういう時代の風潮に乗せられてグループ呆けしたのか、よく考えてみなければならない。本人は目覚めたつもりでグループ呆けしていることほど滑稽なことはない。それでいくとこのごろは、女でも浮気をしていい時代になったらしい。だから私も不倫しなくっちゃというふうに考えたら、どうせ間違うに決まっています。

その点いつもわれわれはフッと頭のなかに浮かんできた思いに、その通り従わなければならないのだと暗示にかけられているのだ。フッと頭へ浮かぶということは頭の分泌物なのだから、それに目くらみして行動すればどうせ業に振りまわされているだけだ。「いや私は意志の弱い人間でして——」と皆さんおっしゃいますが、これは意志の強い弱いにかかわらない。

意志の強弱を問題にするのなら、私なんか弱いに決まっている。いまだにタバコ一つやめられない男だもの。毎日のように禁煙を思い立っても、その決心は毎日煙とともに大空へはかなく消えていく。あるとき、澤木老師に宣言したら大丈夫かと思って「私もう絶対的に禁煙致します」といったことがある。そしたら老師は「ああそうか」といわれたが、その次に老師の部屋へ行ったら「どうだ」といってタバコを出された。つい「ああそうですか」と貰ってのんでしまった。

いま大切なのはそういう意志の強い弱いの話ではない。どこまでも畢竟帰る処は、強い弱い分かれる以前の生命実物以外にないのだとそこに決まっていれば、やはりそこにゆすり込まれていかなければならない。だから意志が強いからやれるとか、うまい処を一発当てるとかいう話ではない。どんなに失敗してでも、やらなければならない処はやる。それ一事だけねらっているかぎりは、いつかやれていくのだ。そういう底光りする宗教生活を、ここでは一切衆生有仏性という。私の言葉で現代語訳すれば、一切衆生生命実物ということだ。

有仏性のうた

分別や思いは　あたまの分泌物
有無の分別こえている
いまの生命実物に
いま帰ることを仏性という
いま仏性　いま畢竟帰運転　天地一杯畢竟帰運転

これは生死法句詩抄の帰命の詩とほとんど同じですが、結局、私が帰命といったのはこの仏性のことをいっている。有仏性といっても無仏性といっても、仏性と一切衆生を別々に見て、いったい衆生には仏性が具わっているのか、具わっていないのかという話ではない。いきいき目を開いて、いま生命実物畢竟帰運転することを、しばらく有仏性というのです。

『いはゆる「一切衆生」の言（ごん）、すみやかに参究すべし。一切衆生、その業道依正（ごうどうえしょう）ひとつにあらず、その見まち〳〵なり。凡夫外道、三乗五乗等、おの〳〵なるべし。いま仏道にいふ一切衆生は、有心者（うしんしゃ）みな衆生なり、心是衆生なるがゆゑに。無心者おなじく衆生なるべし、衆生是心なるがゆゑに』

これは一切衆生という言葉を、世間の言葉として考えていてはいけないということだ。世間的に考えれば、衆生というのはいつでもアレかコレかといって選択しながら生きている。そしてオレはこれで行くといって、いかにも自由な行動をとっている。ところがそれがいちいち業だ。「業道（ごうどう）」とはそういった業によって受ける六道（天上・人間・修羅・畜生・餓鬼・地獄）の姿、「依正（えしょう）」というのもその業因によって受ける報いのことで、依報（えほう）と正報（しょうぼう）のこと。依報はわれわれの環境世界、正報とはこの私自身のことで、要するにみんなそれぞれの業因で自分の住む世界が開け、自分というものの在り方を展開している。

だから衆生というのはそれぞれの業因によっていろいろな見方をし、いろいろな行動をするから、またいろいろな人間ができてしまう。凡夫もいれば外道もいる。声聞・縁覚・菩薩という三乗の人もいれば、それに人間・天上を加えた五乗の人もいる。

ところが仏道にいう一切衆生とは、そういうさまざまな在り方をして生きている人たちという意味ではない。「いま仏道にいふ一切衆生」とは生命実物としての一切衆生、つまり在りて有るもの、生きとし生けるもののことだ。

「心(しん)」というとふつう世間では心理的な心のことをいいますが、仏教で心とは生命という意味です。生命といっても単なる生理的生命ではない。だいたいいまの生化学者にいわせると、どこまでが生物でどこからが無生物なのか、定義的にはっきり区別できないそうだ。生物と無生物の境界は引けないという。そんなことは仏教の場合、初めっからそうなのだ。命あるものも一切衆生なら、こういうコップでも机でも一切衆生だ。あるかぎりのあるものはみんな一切衆生だ。

というのは何かの大きな生命に働かれて物も存在するのだし、風も吹き雨も降るのだし、われわれは生きている。みんな生命の実物が働けばこそ存在するのだし、存在するかぎりは生命実物が働いている。そういう大きな生命の力をいま心という、そして衆生という。

『しかあれば、心(しん)みなこれ衆生なり、衆生みなこれ有仏性なり。草木国土これ心なり、心なるがゆゑに衆生なり、衆生なるがゆゑに有仏性なり。日月星辰これ心なり、心なるがゆゑに衆生なり、衆生なるがゆゑに有仏性なり。国師の道取(どうしゅ)する有仏性、それかくのごとし』

だからそういう生命に働かれているかぎり、生命実物としては必ず畢竟帰という処がある。それで「有仏性」だ。草木国土、日月星辰、あらゆるものみんな生命実物だ。生命実物だから、「有仏性」です。

ここで道元禅師がいわれている衆生と仏性のことを、もう少し分かりやすくいまの哲学の言葉でいったらどうなるのか。一切衆生というのはあるかぎりのあるもの、旧約聖書でいうと在りて有るもの、つまりこれは「存在」のことだ。それに対して仏性というのは、行きつく処へ行きついた生命実物に畢竟帰る運転、まさに帰るべき処なのだから「当為（まさに為すべき）」ということだ。

じつはこの存在と当為の問題が、宗教の一番最後のギリギリの問題なのだ。われわれが自分の人生に目覚めそれを意識したとき、この世の歓楽を貪りたいという強烈な欲望とともに、いやそんな朽ち果てるものに身を任すのではなく、もっと朽ち果てない絶対価値こそ求めなくてはならないという気持もまた起こらざるを得ない。いま在ることと、あるべき姿と――この矛盾ですね。パウロがこの悩みを、宗教的に深めて端的に言い表わしています。

「われ中なる人にては神の律法を悦べど、我が肢体のうちに他の法ありて、我が心の法と戦い、我を肢体の中にある罪の法の下に虜とするを見る。噫。われ悩める人なるかな。此の死の体より我を救わん者は誰ぞ」（ロマ書、七の二二―二四）

われわれ人生に悩んで、まさに為すべき処というのをねらうのだけれども、また為し得ない。当為というまさに為すべき処がありながら、しかし同時に為し得ないという存在がある。それでもこの存在であるかぎり、どうしてもまさに為すべき処がある。

たとえば修行者というのは、坐禅を一所懸命してなんとか悟りを得たいと思う。ところがそうやって悟りを求めよう求めようとすればするほど、それによってかえって悟りがどこかへ吹き飛んでしまい、身動きできなくなってしまう。この辺がうらめしい処です。

カントが「汝為すべきが故に汝為しあたう」といったら、慧眼なるヘーゲルが「汝為すべきが故に汝為しあたわず」と付け加えた。汝為すべきというのだからできるはずだ。ところが同時に汝為すべきというかぎり、その制限は制限としてあるのだから、為しあたわないという道理がある。だからどこまでやろうと、矛盾は少しも解決されていない。これは絶対矛盾だ。

ふつうはそこまで考えていないけれど、本当にオレの悩みはどこかといってゆすり込み、オレの人生の矛盾を宗教的に煮詰めていったらどうか。最後はこの存在と当為の問題になる。これだけが乗り越えられないという処で、みんな悩むのです。

それに対して道元禅師がここで衆生といい、仏性といって、どう説かれているのかというと、結局、大切なのは生命実物から見ることだ。よく考えてみると、なあに生きているわれわれという存在も生命実物で生きているのだし、当為という帰るべき処も生命実物なのだ。生命実物という点からいったら、衆生と仏性、存在と当為は、たった一つのものでしかない。そういう二つに分かれる以前の処で、存在であると同時に当為という方向ももっているわけです。

ところがわれわれの頭で考えると、存在と当為ということは絶対矛盾で「汝為すべきが故に汝為しあたう」と同時に、どこまでいっても「汝為すべきが故に汝為しあたわず」という処が出てくる。

これを分かりやすい話で喩えると、アキレスと亀の話がある。アキレスというのはギリシア時代のマラソンの選手なのですが、いくら一所懸命に走っても前をノロノロ歩いている亀を追い越せないというのだ。どういうことかというと、いま亀を追い越そうとアキレスが走っていって、最初に亀のいた地点まで到達したとする。それには少し時間がかかるので、アキレスが到達したときに亀はその間に少し前に出ている。それでまたその亀のいた地点まで到達すると、やはり多少の時間がかかるので、亀はまたほんの少しその前を歩いている。それでまたまた次の瞬間そこまで達したとしても、亀はまたまたほんの少しだけは出ていなければならない。かくしてアキレスは無限に亀を追い越せないという論理が成り立つ。この論理はどうしても論破できない論理だという。

頭でいじくり回していたら確かにそうなのだ。アキレスを存在、亀を当為と考えてごらんなさい。存在が当為を追い越そうとしてそこまでいくと、少し当為が前に出てしまっている。またそこまで追いかけると、またほんの少し当為が出ている。これを無限に切り刻んでいっても、存在はついに当為を追い越せないという論理が成り立ってしまう。西洋の論理的な考え方からいったら、これは抜くべからざる絶対矛盾だ。ところが実際の実物に立ち帰ったら、アキレスはいともたやすく亀を追い越してしまうでしょう。

「いやあ、私はどうしようもない凡夫だから」――こう決め込んでいる頭からは、とても仏さんは追い越せない。絶対に仏さんまで行きつくことはない。ところがそういう思いを手放して一旦本当の生命実物に立ち帰ってみれば、凡夫も生命実物を生きている。帰るべき仏さんも畢竟帰処も生命実物以外ない。大切なのは、ここにはっきり覚めることだ。仏教の坊さんの説法がめったに仏法の話にまでなっていないというのは、この存在と当為の矛盾が乗り越えられないまま、ただこうあるべきだというようないいお話だけしているからだ。

ところが仏法の話とは、一切衆生という存在と、仏性という当為の二つに分かれる以前、矛盾以前の生命実物から出発するのです。われわれどっちへどう転んでも生命実物を生きていながら、しかもそのなかに畢竟帰という方向をもっている。そういう深さを日々修行していくということが、いま取り上げている仏性の問題です。これは合格不合格とか意志の強い弱いにはかかわらず、ただ帰らなければならない処へはどこまでも帰らなければならないというだけです。深さなのだからどこまでもねばって、生命実物に帰っていくしかない。

『もしかくのごとくにあらずは、仏道に道取する有仏性にあらざるなり。いま国師の道取する宗旨は、「一切衆生有仏性」のみなり。さらに衆生にあらざらんは、有仏性にあらざるべし。しばらく国師にとふべし、「一切諸仏有仏性也無(やむ)」。かくのごとく問取し、試験すべきなり。

「一切衆生即仏性」といはず、「一切衆生、有仏性」といふと参学すべし。有仏性の有、まさに脱落すべし。脱落は一条鉄なり、一条鉄は鳥道（ちょうどう）なり。しかあれば、一切仏性有衆生なり。これその道理は、衆生を説透（せっとう）するのみにあらず、仏性をも説透するなり』

だから「一切衆生」という存在の奥底には、必ず「仏性」ということがある。そして仏性も究めてみれば存在なのだ。そこにあるのは深さだけだ。

大乗仏教で即という言葉を言い出したのは、非常に意味深い奥行きがあるわけですが、いまここでいう「有仏性」の有もまた有以外にはいえない処があればこそ、「即仏性」といわないで「有仏性」という。しかしその有仏性もいまいうように、あるかぎりのあるものが生命実物で、どっちへどう転んでも御いのちだ。そのときにはもう有ということさえ必要がない。「まさに脱落すべし」――もう跡形がなくならなければならない。

「一条鉄」とは黒金（くろがね）のこと、二つに分かれたものがそこへ混じり込んでいないこと、どっちへどう転んでも純粋に御いのちだけだ。だから一条鉄という固まりがゴロッとあるのではなく、非常非滅の「鳥道」としてある。鳥が飛んでいく道というのは、いくら飛んでも跡形がない。仏性の畢竟帰運転というのは決まってあるものではなく、跡形のないものです。

「一切仏性有衆生」といえるのは、衆生と仏性と決して二つではないからです。存在と当為と二つがあるのではない。つまり存在を存在として突き詰めてみると、その存在の奥には当為がある。

そして当為は当為として突き詰めてみると、そこには存在がある。この二つが決して別々ではないのが生命実物だ。衆生が衆生を「説透」――説き尽くして衆生であることさえできなくなって、一切仏性になってしまう。仏性が仏性を「説透」――説き尽くして仏性であることさえなくなって、一切衆生になってしまう。だから衆生に衆生がなく、仏性に仏性がない。それが一切仏性有衆生だ。

『国師たとひ会得を道得に承当せずとも、承当の期なきにあらず。今日の道得、いたづらに宗旨なきにあらず。又、自己に具する道理、いまだかならずしもみづから会取せざれども、四大五陰もあり、皮肉骨髄もあり。しかあるがごとく、道取も、一生に道取することもあり、道取にかかれる生々もあり』

いま斉安国師が「一切衆生有仏性」とだけいって、「一切諸仏有仏性」とも「一切仏性有衆生」ともいわなかったにしても、その道理を知らなかったわけではないし、そこに解脱していく処がないわけではない。

「又、自己に具する道理、いまだかならずしもみづから会取せざれども、四大五陰もあり、皮肉骨髄もあり」――たとえばご飯の後で、いま胃袋で消化中、いま腸を通過中などということを知らなくても、胃袋で消化され腸で吸収されているように、私の覚知以上の処で血液の循環から呼吸まですべて行なわれているのだ。

だからみんな一切衆生有仏性を生きているのです。しかもその生命実物は無限の深さをもっているのだから、一生かかってもそこに深まっていくべきだし、刻々生き変わり死に変わりしながらもそれをただねらっていかなければならない。われわれが畢竟（つまり）帰る処は、ただこの生命実物以外にはないのです。

〈九〉一切衆生無仏性の章

——いまやるだけがやった、溜め置きはきかぬ

大潙山大円禅師、あるとき衆にしめしていはく、「一切衆生無仏性」。これをきく人天のなかに、よろこぶ大機あり、驚疑のたぐひなきにあらず。釈尊説道は「一切衆生悉有仏性」なり。大潙の説道は「一切衆生無仏性」なり。有無の言理、はるかにことなるべし、道得の当不、うたがひぬべし。しかあれども、「一切衆生無仏性」のみ仏道に長なり。塩官有仏性の道、たとひ古仏とともに一隻の手をいだすににたりとも、なほこれ一条拄杖両人舁なるべし。

いま大潙はしかあらず、一条拄杖呑両人なるべし。いはんや国師は馬祖の子なり、大潙は馬祖の孫なり。しかあれども、法孫は、師翁の道

に老大なり、法子は、師父の道に年少なり。いま大潙道の理致は、「一切衆生無仏性」を理致とせり。いまだ曠然縄墨外といはず。自家屋裏の経典、かくのごとくの受持あり。さらに摸揀すべし、一切衆生なにとしてか仏性ならん、仏性あらん。もし仏性あるは、これ魔儻なるべし。魔子一枚を将来して、一切衆生にかさねんとす。仏性これ仏性なれば、衆生これ衆生なり。衆生もとより仏性を具足せるにあらず。たとひ具せんともとむとも、仏性はじめてきたるべきにあらざる宗旨なり。張公喫酒李公酔（張公酒を喫すれば李公酔ふ）といふことなかれ。もしおのづから仏性あらんは、さらに衆生にあらず。すでに衆生あらんは、つひに仏性にあらず。

このゆゑに百丈いはく、「説衆生有仏性、亦謗仏法僧。説衆生無仏性、亦謗仏法僧（衆生に仏性有りと説くもまた仏法僧を謗ず。衆生に仏性無しと説くもまた仏法僧を謗ずるなり）」。しかあればすなはち、有仏性といひ無仏性といふ、ともに謗となる。謗となるといふとも、道取せざるべきにはあらず。

且問你、大潙、百丈しばらくきくべし。謗はすなはちなきにあらず、仏性は説得すやいまだしや。たとひ説得せば、説著を罣礙せん。説著あらば聞著と同参なるべし。また、大潙にむかひていふべし。一切衆生無仏性はたとひ道得すといふとも、一切仏性無衆生といはず、一切仏性無仏性といはず、いはんや一切諸仏無仏性は夢也未見在（夢にもまた未だ見ざること在り）なり。試挙看（試みに挙げて看よ）。

『大潙山大円禅師、あるとき衆にしめしていはく、「一切衆生無仏性」。

これをきく人天のなかに、よろこぶ大機あり、驚疑のたぐひなきにあらず。釈尊説道は「一切衆生悉有仏性」なり、大潙の説道は「一切衆生無仏性」なり。有無の言理、はるかにことなるべし、道得の当不、うたがひぬべし。しかあれども、「一切衆生無仏性」のみ仏道に長なり。塩官有仏性の道、たとひ古仏とともに一隻の手をいだすににたりとも、なほこれ一条拄杖両人舁なるべし。

いま大潙はしかあらず、一条拄杖呑両人なるべし。いはんや国師は馬祖の子なり、大潙は馬祖の孫なり。しかあれども、法孫は、師翁の道に老大なり、法子は、師父の道に年少なり』

本当は一切衆生は一切衆生だけだ。それだけでいいのです。そしたら仏性とか生命実物とか付け加えることは余計だ。ただ実物が実物しているというかぎり、有仏性とさえいう必要はない。釈尊は一切衆生悉有仏性、大潙は一切衆生無仏性――だいたいどちらも有と無と二つに分かれる以前の実物の話なのだけれど、いまとにかく有といい無という言葉を使ったかぎりは、「はるかにことなるべし」だ。どちらが当たっているか当たっていないかということもないわけではない。

その点仏道からいったら、一切衆生無仏性の方がはるかに勝れている。塩官が「一切衆生有仏性」といったのは、お釈迦さまが「一切衆生悉有仏性」といった処へもう一つ手をさしのべて、一本の拄杖を二人でかつぐようなものだ。それに対して「一切衆生無仏性」といった大潙は、「一条拄杖呑両人」で、その一本の拄杖が、かついでいる二人を一口に飲んでしまった趣がある。

塩官国師は馬祖の直弟子、大潙の方は馬祖の孫弟子に当たるわけだけれど、甥の大潙の方が実子の塩官より馬祖の道に長じている。

『いま大潙道の理致は、「一切衆生無仏性」を理致とせり。いまだ曠然縄墨外といはず。自家屋裏の経典、かくのごとくの受持あり。さらに摸捺すべし、一切衆生なにとしてか仏性ならん、仏性あらん。もし仏性あるは、これ魔儻なるべし。魔子一枚を将来して、一切衆生にかさねんとす』

「曠然」とは広々していること。「縄墨」は大工さんが、まっすぐな線をつけるときに使うすみなわのことです。いま大潙が一切衆生無仏性といった宗旨は、ただ何もなく無規則に広々していることをいったのではなくて、きちんと道理にかなった筋道が通っている。

「自家屋裏の経典」とは仏性のこと。われわれ仏性を経典としているそのなかに、無仏性という受持の仕方がある。それをもっと摸り求めなければならない。

つまり一切衆生といったら一切衆生だけなのだ。何も仏性という特別なものが別にあるわけではない。それがかえって仏性に対して本当に親切な道理である。

あるとき澤木老師がバスで、偉そうな眉毛をしたヤクザ風の男と乗り合わせた。よく見るとおでこの近くについている本物は剃り落として、もっと目の近くに相手を威圧するような眉毛を刺青していた。老師はそっと私に耳うちして「この男も元気なうちはいいけれど病気でもしたら刺青の上にもう一組の眉毛がはえてきて、２×２＝４で四つも眉毛ができてしまうぞ」と、余計な心配をしておられた。でも確かにそうですね。みんな仏性であるかぎり、そこにわざわざ有仏性というと、眉毛のほかにもう一つ眉毛を刺青したようなことになる。余計なものをもう一ついうことはやっぱり余計なのだ。

電車の運転手が運転しながら乗客の方を向いて、「ただいま畢竟帰運転中でございます」などと話しかけてくるようなのは危い。かえって「ただいま運転中、声をかけないでください」という札をかけて運転してもらった方がいい。それがちょうど一切衆生無仏性に当たります。

『仏性これ仏性なれば、衆生これ衆生なり。衆生もとより仏性を具足せるにあらず。たとひ具せんともとむとも、仏性はじめてきたるべきにあらざる宗旨なり。張公喫酒李公酔（張公酒を喫すれば李公酔ふ）といふことなかれ。もしおのづから仏性あらんは、さらに衆生にあらず。すでに衆生あらんは、つひに仏性にあらず』

仏性はもう仏性だけ、衆生はもう衆生だけで、この二つが対立してあるものではない。それを別々に見て衆生が本来「仏性を具足せる」という本具説や、求める処に「仏性はじめてきたる」と説く始起説を否定している。

「張公喫酒李公酔」とは、張さんが酒を飲んだら李さんが酔っぱらったということですが、そんなことをいってはいけない。張公が酒を飲んだら張公が酔うのだし、李公が酒を飲んだら李公が酔うのだ。

これは何のことかというと、結局、やっただけのことはやったのだ。どうせわれわれ天地一杯の生命実物を生きている。その深さに向かって、いまここでやっただけがやったのだ。そのいのちをいまここで扇ぎ出しただけが扇ぎ出したのだ。これを「現成公案」の巻では「得一法通一法、遇一行修一行（一法を得て一法に通じ、一行に遇って一行を修する）」といっている。「現成公案」の総結論はこれですよ。いま通じただけは通じたのだし、ここで修しただけは修したのだ。それなのに張公喫酒李公酔といって、あらかじめ悟りを開いておいたから、それがいまでも通用するというように考えてはいけない。

だからもし、仏性であるかぎりは飲むのも仏性、酔うのも仏性、もし衆生であるかぎりはどこまでも衆生のみ。それが生命実物の在り方だから、一切衆生無仏性といわなければならない。

『このゆゑに百丈いはく、「説衆生有仏性、亦謗仏法僧。説衆生無仏性、亦謗仏法僧（衆生に仏性有りと説くもまた仏法僧を謗ず。衆生に仏性無しと説くもまた仏法僧を謗ずるなり）」。しかあればすなはち、有仏性といひ無仏性といふ、ともに謗となる。謗となるといふとも、道取せざるべきにはあらず。

且問你（しゃもんにい）、大潙、百丈しばらくきくべし。謗はすなはちなきにあらず、仏性は説得すやいまだしや。たとひ説得せば、説著を罣礙（けいげ）せん。説著あらば聞著と同参なるべし』

どうせ有仏性といっても無仏性といっても、本当の仏法を罵ったことになる。衆生というも余計、仏性というも余計、しかしながら余計といいながらでも、それを「道取」しなければならない。「謗」といっても、いま仏性を説き得たのかどうか。もし仏性を説き得たら、その説いているということがもう仏性だ。説けば聞くということがある。その聞くということも仏性だ。つまり謗も説も聞も、みんな生命実物として同参なのだ。

『また、大潙にむかひていふべし。一切衆生無仏性はたとひ道得すといふとも、一切仏性無衆生といはず、一切仏性無仏性といはず、いはんや一切諸仏無仏性は夢也未見在（むやみけんざい）（夢にもまた未だ見ざること在り）なり。試挙看（しこかん）（試みに挙（あ）げて看（み）よ）』

衆生に衆生の自性なく、仏性に仏性の性がないのだから、まして諸仏に諸仏の性はない。まったく刻々に生命実物を行じていくだけだ。それを「一切仏性無仏性」といい「一切諸仏無仏性」という。

その点「一切衆生有仏性」というと、だんだん深まっていくという処ですね。われわれが一所懸命修行しながら宗教生活を送っていくなかに、深まっていく処がないわけではないという話になる。

それに対して「一切衆生無仏性」となると、いまやるだけがやったので溜め置きは何もきかないという話だ。生命実物にはこの両面がある。

それは刻々に溜め置きはきかないのだから、夢にさえも見られない。そういう「一切諸仏無仏性」の姿をなんとかいってみろ——試みに挙げて看よ。

〈十〉 仏有仏性の章

——「思いは頭の分泌物」という人生のお守り

百丈山大智禅師、示㆑衆云、「仏是最上乗、是上々智。是仏道立此人、是仏有仏性、是導師。是使得無所礙風、是無礙慧。於後能使㆓得因果㆒、福智自由。是作㆑車運㆓載因果㆒。処㆓於生㆒不㆑被㆓生之所留㆒、処㆓於死㆒不㆑被㆓死之所礙㆒、処㆓於五陰㆒如㆓門開㆒。不㆑被㆓五陰礙㆒、去住自由、出入無難。若能恁麼、不㆑論㆓階梯勝劣㆒、乃至蟻子之身、但能恁麼、尽是浄妙国土、不可思議」。

(百丈山大智禅師、衆に示して云く、「仏は是れ最上乗なり、是れ上々智なり。是れ仏道立此人(りっしにん)なり、是れ仏有(ぶつう)仏性なり、是れ導師なり。是れ使得無所礙風(すとくむしょげふう)なり、是れ無礙慧(むげえ)なり。於後(ここによ)能く因果を使得(しとく)す、福智自由なり。是れ車となして因果を運載す。生に処して生に留められず、死に処して死に礙へられず、五陰に処して門の開くるが如し。五陰に礙へられず、去住自由にして、出入無難なり。若し能く恁麼なれば、階梯勝劣を論ぜず、乃至蟻子之身も、但能く恁麼なれば、尽く是れ浄妙国土、不可思議なり」）

これすなはち百丈の道処なり。いはゆる五蘊は、いまの不壊身なり。いまの造次は門開なり、不被五陰礙なり。生を使得するに生にとどめられず、死を使得するに死にさへられず。いたづらに生を愛することなかれ、みだりに死を恐怖することなかれ。すでに仏性の処在なり、動著し厭却するは外道なり。現前の衆縁と認ずるは使得無礙風なり。これ最上乗なる是仏なり。この是仏の処在、すなはち浄妙国土なり。

『百丈山大智禅師、衆に示して云く、「仏は是れ最上乗なり、是れ上々智なり。是れ仏道立此人なり、是れ仏有仏性なり、是れ導師なり。是れ使得無所礙風なり、是れ無礙慧なり」』

仏は無上正偏智者（むじょうしょうへんちしゃ）といい、この上のない正しい偏き（あまね）智慧をもっている者。「最上乗」とは、人間・天上・縁覚・声聞・菩薩の五乗よりも勝れているということ。ただ、この上ないとか最上乗というのは、比較しての話ではない。そのケタが外れているということです。「上々智」は無等々智ともいって等しきもののない智慧のこと、上下という比較を絶している。「仏道立此人」とは、仏道はこの人より建立するということ。「仏有仏性」とは、仏それ自身が仏有仏性だという。つまり生命は流れていて固定していないのだから、仏さまといってもどこまでも自らアタマ手放しにして畢竟帰運転すればこそ初めて仏さまだ。

決してその辺の新興宗教の教祖さまのように、一旦信者たちに「オレは神の申し子だぞよ」と暗示をかけてしまったら、後はそれだけでのうのうと通用するような話ではない。世間にはそんな暗示にかかって、教祖さまが姿を作ろうが蓄財に励もうが、やっぱり教祖さまは偉いと思いこんでいる善男善女が多すぎる。ところがいま石川五右衛門の真似をして人の物にちょっと手を出せば、その手を出した途端に泥棒なのだ。いや「オレは教祖なのだ」といったって通用しない。これはもう実物だけが問題だ。その点、仏教というのは善男善女が有難がるような宗教ではなく、いつもマッサラな目で見直し見直ししていく悪男悪女のための宗教です。

だから仏さまでも刻々に畢竟帰運転をやっていればこそ、有仏性なればこそ仏さまだ。それは当の本人にとっては「ただいま運転中、話しかけないでください」という意味なのだから、同時に是れ仏無仏性ともいうべきだ。

「是れ導師なり」とは、そういう固定していない生命の流れのなかで、しかも刻々に畢竟帰運転している仏さまなればこそ、また一切衆生を真に導いていく師たり得る。

「使得無所礙風」は、一切を自由に使得して風のように何の障りもないこと。

「無礙慧」は、障りのない智慧。

『於後能く因果を使得す、福智自由なり。是れ車となして因果を運載す。生に処して生に留められず、死に処して死に礙へられず、五陰に処して門の開くるが如し。五陰に礙へられず、去住自由にして、出入無難なり。若し能く恁麼なれば、階梯勝劣を論ぜず、乃至蟻子之身も、但能く恁麼なれば、尽く是れ浄妙国土、不可思議なり』

女を買って病気をうつされたというようなのは因果に使われているわけだ。そうではなく、いきいきと因果さえも働かす。福徳という利他も、智慧という自利も自由に働かす。そういう生命実物を車となして因果を運載すれば、どっちへどう転んでも御いのち、生死は仏の御いのちだ。そしたら生きて生きていることに留められず、死に処して死に礙えられない。死ぬときには死ねばいいのだし、生きているかぎりは最後まで生きたらいい。

「五陰（ごおん）」（色・受・想・行・識）とはわれわれの精神と肉体のことですが、ふつうこの五陰の門に引っかかってばかりいる。それをいま手放しにして門を開いて出入り自由、スラスラ流れて五陰に引きずりまわされない。

だいたいわれわれの精神肉体それ自身が悪いというものではない。分泌物でしかない思いを主人公にしてそれに振りまわされるから、四方八方停滞して行き詰まってしまう。いつもいいますけれど、「思いは頭の分泌物」ということが、一番皆さんの人生の「お役に立つお守り」だから、これだけをよく耳鳴りさせて生きていったらいい。実際いろんなことが思い浮かんでくる。私なんかも七十過ぎてまで、まだきれいな女の子に出会うとワッと胸が躍るもの。これ事実まだ分泌しているわけだ。生きているかぎり分泌し続けるのじゃないのかな。しかしながら、いまはその辺を、ああこれは分泌物なんだと見渡せるだけは結構です。若いころはそういう思いに振りまわされてフラフラになった。そのフラフラになることだけは余計なことだ。

思いを手放して二つに分かれる以前の生命として生きるのなら、一切「去住自由にして、出入無難」。そしたら「階梯勝劣を論ぜず」――つまり十住十行十廻向十地（じゅうじゅうじゅうぎょうじゅうえこうじゅうじ）などという修行の段階は問題にならない。たとえ蟻の身であっても、清浄微妙の仏国土を生きている。

『これすなはち百丈の道処なり。いはゆる五蘊（ごうん）は、いまの不壊身（ふえしん）なり。いまの造次（ぞうじ）は門開なり、不被五陰礙なり。生を使得するに生にとどめられず、死を使得するに死にさへられず。いたづらに生を愛することなかれ、みだりに死を恐怖することなかれ。すでに仏性の処在なり、動著し厭却するは外道なり。現前の衆縁と認ずるは使得無礙風なり。これ最上乗なる是仏なり。この是仏の処在、すなはち浄妙国土なり』

ふつうには「五陰」というわれわれの身心は壊れるものだと思っている。ところが生命実物としての五陰は、生死、有無二つに分かれる以前の実物なのだから「不壊身」だ。老いても老いず、病んでも病まず、死んでも死なずという処がある。そういう生命実物として生きているかぎり不壊であり、何をやるのも「門開なり」で、自由自在五陰に引きずりまわされない。

私は最近「生死を生きる」という本を出しました。これはじつに有ること難き本だと思うのですが、「死」の一字が入っているので敬遠する人がいる。日本人というのは死ぬという字を見ただけで縁起が悪いとか、オレには関係ないと考えるらしい。しかし生と死と一目でベエーッと見ている処がなかったら、本当の意味で生きられはしないのです。

どうせ生死は「仏性の処在なり」だ。どっちへどう転んでも御いのちなのだから、いまこの実物こそ御いのちという目を開いて、いまこの実物を精一杯生きる。それが生死を超えた最上乗の生き方だ。そういう生き方としての日々、そういう宗教生活こそが、即ち浄妙国土だということです。

〈十一〉明見仏性の章

——競争でない、ただオレが本当の大人になればいい

黄蘗在二南泉茶堂内一坐。南泉問二黄蘗一、「定慧等学、明見仏性。此理如何」。黄蘗云、「十二時中不依倚一物始得」。南泉云、「莫便是長老見処麼」。黄蘗曰、「不敢」。南泉云、「漿水銭且致、草鞋銭教什麼人還」。黄蘗便休。

（黄蘗、南泉の茶堂の内に在って坐す。南泉、黄蘗に問ふ、「定慧等学、明見仏性。此の理如何」。

黄蘗云く、「十二時中一物にも依倚せずして始めて得ん」。

南泉云く、「便ち是れ長老の見処なることなきや」。

黄蘗曰く、「不敢」。

南泉云く、「漿水銭は且く致く、草鞋銭は什麼人をしてか還さしめん」。
黄蘗便ち休す）

いはゆる「定慧等学」の宗旨は、定学の慧学をさへざれば、等学するところに明見仏性のあるにはあらず、明見仏性のところに、定慧等学の学あるなり。「此理如何」と道取するなり。たとへば、「明見仏性はたれが所作なるぞ」と道取せんもおなじかるべし。「仏性等学、明見仏性、此理如何」と道取せんも道得なり。

黄蘗いはく、「十二時中不依倚一物」といふ宗旨は、十二時中たとひ十二時中に処在せりとも、不依倚なり。不依倚一物、これ十二時中なるがゆゑに仏性明見なり。この十二時中、いづれの時節到来なりとかせん、いづれの国土なりとかせん。いまいふ十二時は、人間の十二時なるべきか、他那裏に十二時のあるか、白銀世界の十二時のしばらくきたれるか。たとひ此土なりとも、たとひ他界なりとも、不依倚なり。すでに十二時中なり、不依倚なるべし。

「莫便是長老見処麼」といふは、「これを見処とはいふまじや」といふがごとし。長老見処麼と道取すとも、自己なるべしと回頭すべからず。自己に的当なりとも、黄蘗にあらず。黄蘗かならずしも自己のみにあらず、長老見処は露回々なるがゆゑに。

黄蘗いはく、「不敢」。

この言は、宋土に、おのれにある能を問取せらるるには、能を能といはんとても、不敢といふなり。しかあれば、不敢の道は不敢にあらず。この道得はこの道取なること、はかるべきにあらず。長老見処たとひ長老なりとも、長老見処たとひ黄蘗なりとも、道取するには「不敢」なるべし。一頭水牯牛出来道吽々なるべし。かくのごとく道取するは道取なり。道取する宗旨さらに又道取なる道取、こころみて道取してみるべし。南泉いはく、「漿水銭且致、草鞋銭教什麼人還」。

いはゆるは、「こんづのあたひはしばらくおく、草鞋のあたひはたれをしてかかへさしめん」となり。この道取の意旨、ひさしく生々をつくして参究すべし。漿水銭いかなればかしばらく不管なる、留心勤学すべし。草鞋銭なにとしてか管得する。行脚の年月にいくばくの草鞋をか踏破しきたれるとなり。いまいふべし、「若不還銭、未著草鞋（若し銭を還さずは、未だ草鞋を著かじ）」。またいふべし、「両三輌」。この道得なるべし、この宗旨なるべし。

「黄蘗便休」。これは休するなり。不肯せられて休し、不肯にて休するにあらず。本色衲子しかあらず。しるべし、休裏有道は、笑裏有刀のごとくなり。これ仏性明見の粥足飯足なり。

この因縁を挙して、潙山、仰山にとうていはく、「莫是黄蘗搆他南泉不得麼（是れ黄蘗他の南泉を搆すること得ざるにあらずや）」。

仰山いはく、「不然。須知、黄蘗有陥虎之機（然らず。須らく知るべし、黄蘗陥虎の機有ることを）」。

潙山云、「子見処、得恁麼長（子が見処、恁麼に長ずることを得たり）」。

大潙の道は、そのかみ黄蘗は南泉を搆不得なりやといふ。

仰山いはく、「黄蘗は陥虎の機あり」。すでに陥虎することあらば、捋虎頭なるべし。

陥虎捋虎、異類中行。明見仏性也、開一隻眼。仏性明見也、失一隻眼。速道速道。仏性見処、得恁麼長（虎を陥れ虎を捋る、異類中に行く。仏性を明見しては一隻眼を開く。仏性が明見すれば一隻眼を失す。速やかに道へ、速やかに道へ。仏性の見処、恁麼に長ずることを得たり）なり。

このゆゑに、半物全物、これ不依倚なり。百千物、不依倚なり、百千時、不依倚なり。このゆゑにいはく、籮籠一枚、時中十二、依倚不依倚、如葛藤依樹。天中及全天、後頭未有語（籮籠は一枚、時中は十二、依倚も不依倚も、葛藤の樹に依るが如し。天中と全天と、後頭未だ語あらず）なり。

『黄蘗、南泉の茶堂の内に在って坐す。南泉、黄蘗に問ふ、「定慧等学、明見仏性。此の理如何」。

黄蘗云く、「十二時中一物にも依倚せずして始めて得ん」』

この南泉の言葉は、涅槃経の次の言葉から引用されている。

「二乗は定多慧少故に、見仏性事蛍火の如し。菩薩は慧多定少故に、見仏性事星宿の如し。如来は定慧均等見仏性」

声聞縁覚の二乗人は坐禅はたくさんするけれど智慧が少ないから、仏性を見ることは蛍の火のようである。菩薩の方は勉強はうんとしているけれど坐禅はあまりしないから、仏性を見ることがお星さんのように僅かな光だ。それに対して仏さんは定と慧と等しく修めているから、はっきりと仏性を見る。つまり仏教に戒定慧という三学があるけれど、まず戒を保った上で定という坐禅修行と智慧の勉強を等しく学んで初めて合格、それで仏性を明らかに見ることができるというふうに一応読むことができる。

しかしそういう意味なら、まるで世間並みの合格不合格の話であって、第一義の仏法の話になっていない。大切なのは仏法の話としてはどうかということだ。そこで「定慧等学、明見仏性。此の理如何」といって南泉が問い、道元禅師が提唱されているわけです。

ところでいま合格不合格といいましたが、だいたい現在の学校教育制度を見てみると、小学校は中学への、中学は高校への、高校は大学への合格不合格だけを問題にしている。だからそのための選別ふるいわけに一所懸命で、本当の意味の教育などないのではないかと思わざるを得ない。

たとえば高校の教科書をのぞいてごらんなさい。それこそ各科目の教科書に大変高度な専門知識が一杯詰まっている。みんなとてもむずかしい。どうせいまの高校生がこれをみんな理解して覚えることはできないに違いない。だからいま学校でやっているのは、いかに一時的にそれを丸暗記させて点数を上げるかだけが問題なのだ。本来は教科書一つでも、子どもたちがこれから一生生きていく上において、どうしてもこれだけは教えて身につけさせておいてやりたいという親心から、編集されたものでなければならないと思う。

さらに学校の授業でも、落ちこぼれの生徒を一人も作るまいという気持でやるのが教育なのに、落ちこぼれは落ちこぼれ、とにかくいい学校に合格する子を一人でも多く作り出すだけが方針でやっている。こんないまの学校を見ていると、教育はすでに滅んで選別、管理だけが行なわれているように思えてならない。

それにしてもどうしてこんなことになってしまったのか。結局、人間たちが集まってこうして一つの社会を形成して生きていくかぎり、なんらかの意味において階層を作らなければまとまりがつかないからだ。猿の社会でもボス猿を頂点にした幾つかの階層があるそうだけれど、人間社会においても統率し指揮する人間とその指揮の下で働く人間たちという階層がなければ、仕事一つうまくできなくなってしまう。だからいたずらに平等論を唱えても仕方がない。

いわんやいまの日本では一億以上の人間が生きている。そうするとその統率者にもいろいろな階層があるべきだ。十人単位の長、百人単位の長、千人単位の長、万人単位の長、そして億の長。いまの会社でいえば、班長・課長・部長それから重役とか社長――これを封建時代のころは家柄門閥で決めていたので話は簡単だった。能力があろうとなかろうと将軍さまは将軍さまだ。ところが明治以後になると、それを学校出によって決めることになった。兵隊なら士官学校、民間会社なら大学を出ていなければ上の地位まで昇れない。それでも戦前はよほど経済的に余裕がないと大学まで行けなかったのが、戦後は一億総中流意識で誰でも彼でも大学へ行くという風潮になってしまった。そうすると大学も押すな押すなの盛況で、大学そのものも東大を頂点にたくさんの階級ができてしまった。そしてその大学如何(いかん)によって自分の一生の行先が決まるというので、よりよい大学を目ざす学生たちを前に厖大な選別をしなければならなくなった。

こう考えてみると、いまの学校が選別だけにかかわりあっていることも分からなくはない。しかしやはり選別はどこまでも選別であって決して教育ではない。とにかく人間にある一線を引いて、それに合格するか否かというのは人間社会での話だ。いま生きた人間そのものを相手とする生きた教育、生きた宗教が、そういう合格不合格の話であってはならない。だからこの章の文を「定慧等学にして始めて合格して、明らかに仏性を見る」とか「十二時中一物にも依倚せずして始めて合格して得ん」と読むのなら、人間社会の話にはなっても、生命実物としての本当の仏法の話にはならない。

では、「定慧等学、明見仏性」「十二時中不依倚一物始得」というのは、仏法としてはどういう意味なのか。結局、仏法として一番大切なことは、「八大人覚（はちだいにんがく）」の巻にもあったように、みんながみんな本当の大人になるということだ。みんな仏法の話をなんだかんだと持って回って、この一番肝心な処を見落としている。「諸仏は大人なり」だ。みんなそれぞれに大人になる、それだけが仏法の根本です。

スミレが大人になればスミレの花が咲くのだし、バラが大人になればバラの花が咲く。それぞれの生命実物がそれぞれの生命実物を発現するだけだ。その処に何も合格不合格はないもの。いやバラの花は大きくてきれいだから金賞を貰えるけれど、スミレは小さくて貧弱だという。そんなことに色気を使うのは社会の話だ。そうではない。みんな自分の世界は自分が生きているのだから、そのかぎり余所からそんな合格不合格のモノサシを持ち出して自分をおとしめなくていいのだ。

私なんか、もし世間に出て合格か不合格か試されたら、どこでも不合格を食うに違いない。そういう不合格の人間なんだけれど、いま結構大威張りで生きている。オレはオレであって何も試験してもらわなくてもいいという処で生きているからだ。

だからみんな誰でも彼でも合格不合格分かれる以前の生命実物を生きている。そういう存在としてすでに完結しながら、同時にこの存在が成長して、また自らの生命実物を発現するという方向をもっている。それが当為だ。われわれはそういう方向をもったものとしていまここに存在している。そして生命実物はまた刻々なのですから、刻々にいまここでいかに大人の行動をするか、それだけをねらって行動することが仏性をもっとも煮詰めた在り方だ。

ですから、「定慧等学、明見仏性」ということも「十二時中不依倚一物」ということも、決して人間社会の合格不合格の話、選別、選り分けの話ではなく、ただ自己自身の本当の生命力発現の話だということをよく知っておいてください。

いまの学校でも本当の教育というのは、子どもたちの本当の生命力を発現させるということでなければなりません。スミレはスミレの花が咲き、バラはバラの花が咲くという気持で子どもを教育して、後は社会生活のなかで自ずから選り分けられていって大臣になる人は大臣になって良し、一平民になる人は一平民になって良し。そしたら大臣は大臣なりに幸福だし、一平民は一平民なりに幸福だ。ちょうど田植えのころ田圃にみんな水を張って高い田は高い田なりに平らに、低い田なりに平らにするように、大臣は大臣で平ら、一平民は一平民で平ら、高処は高平、低処は低平でみんないきいきやることができる。

ところがいまのように生存競争による選別だけがすべてだと、平民というのは噛み合いに負けた落伍者や無気力な落ちこぼれ的平民ばかり、そこを勝ち抜いていい処までいったという人もそこで蹴落とされてノイローゼになったという管理職ばかり、そして最後の最後まで人を蹴落として躍り出たというやつは刑務所と紙一重という大臣ばかりになってしまう。

これではみんな不幸です。なんとか教育の在り方を根本的に改革しなければならないと思うけれど、これは一朝一夕にどうすることもできない。社会というのは新幹線みたいに長い列車がつながって走っているものだから、大回りして行かなければならない。革命とかいって急にハンドルを切ったら、どうせ脱線して世の中が引っくり返るだけだ。だから教育制度一つ改革するのでもなかなか容易でない。

それに対し宗教の領域では、誰に相談せずともいま自分自身がすぐやれることなのだから話は簡単だ。「ははあなるほど、凡夫は凡夫でもオレは生命実物を生きている凡夫だ。それなら落ち着く処の仏さまもオレなんだから、ただオレが本当の大人になればいいいんだな」――こう気がついて生活態度がそこに決まればいい。一番手っ取り早くて身近なことだ。そういう宗教生活だけが大切だ。ここでいろいろ展開されている仏性の話も、いまここ何より自分自身の宗教生活の話なのだから、そこに目を開いて読んでいきたいと思う。

『南泉云く、「便ち是れ長老の見処なることなきや」。
黄檗曰く、「不敢」。
南泉云く、「漿水銭は且く致く、草鞋銭は什麼人をしてか還さしめん」。
黄檗便ち休す』

黄檗が「十二時中一物にも依倚せずして始めて得ん」といったので、南泉が「それはお前さんの見方か」と問い返したら、黄檗は「不敢」――どういたしましてと答えた。
漿水とは、一度沸かして冷ました水、中国ではなま水を飲むとお腹をこわすので行脚にはこれを携帯した。つまり「まあ水代はいいが、ワラジ銭はどうする」といった。そしたら黄檗は黙ってしまった。

『いはゆる「定慧等学」の宗旨は、定学の慧学をさへざれば、等学するところに明見仏性のあるにはあらず、明見仏性のところに、定慧等学の学あるなり。「此理如何」と道取するなり。

たとへば、「明見仏性はたれが所作なるぞ」と道取せんもおなじかるべし。「仏性等学、明見仏性、此理如何」と道取せんも道得なり』

涅槃経の言い分だといかにも定と慧と対立して、それを等しく学んで初めて合格という意味になる。しかし定というのもただ天地一杯のいのちに覚めることだし、慧というのも天地一杯のいのちをただ学ぶことだ。そしたら天地一杯の生命実物という点では、定も仏性、慧も仏性、決して別々なものを等しく学ぶことが等学ではない。かえって明見仏性の処に本当に定慧一つの等学がある。

ただこれでもまだ明見仏性と定慧等学と二つあるように見えるから、「此理如何」「たれが所作なるぞ」と念を押される。どちらも恁麼(いんも)とか作麼生(そもさん)とかいうのと同じで、問(とい)でもって二つに分かれる以前の実物を表現している。なあに定も慧も明見仏性の中味だ。仏性と明見と定と慧と一切二つに分かれる以前で異なることはない。だからこの問自身で生命実物を言い尽くしている。

『黄蘗いはく、「十二時中不依倚一物(ふえいいちもつ)」といふ宗旨は、十二時中たとひ十二時中に処在せりとも、不依倚なり。不依倚一物、これ十二時中なるがゆゑに仏性明見なり。この十二時中、いづれの時節到来なりとかせん、いづれの国土なりとかせん。いまいふ十二時は、人間の十二時なるべきか、他那裏(たなり)に十二時のあるか、白銀世界(びゃくごん)の十二時のしばらくきたれるか。たとひ此土(しど)なりとも、たとひ他界なりとも、不依倚なり。すでに十二時中なり、不依倚なるべし』

先には「十二時中不依倚一物始得」とあった文を、道元禅師は「十二時中不依倚一物」で切って「始めて得ん」という言葉を切り捨てておられる。もうここで合格して初めて得るような話ではないことをはっきり示しておられます。

だいたいわれわれの人生という十二時中には、どんな風景でも現われる。行き詰まってどうしようかと頭を抱えるときもあれば、四方八方景気が良くてしようがないというときもある。しかしながらどんな風景が十二時中にあったとしても、それぞれが不依倚だ。われわれの人生を映画のフィルムに撮ってみれば、その一コマ一コマがみんな二つに分かれる以前の生命実物としてそれ自身完結している。私は人の鼻を借りて息をしているわけじゃなし、私は私自身で完結している。

つまり完結完結している十二時中なのだから仏性明見だ。仏性が明見であって見不見にかかわらない。見る見られるに分かれる以前だ。この十二時中にどういう時節が到来しているのか。いまこうして生きているのはどこの国か、なんの時かと返照してみると、みんな自己自身が生命体験している生命実物以外にはない。私が生きているなかに一切の世界がある。一切世界を生命体験する処に私が生きている。これは同時的であって、自己と世界と二つに分かれる以前の処だ。みんなそういう天地一杯の自己を生きているのです。

「いや私は凡夫です」「私が天地一杯などとんでもない」と謙遜する人は、そういう思いの浮かんでくるのさえ天地一杯の処から来ているのだから、そんなに卑下しなくていい。

「他那裏」とはあちら側、「白銀世界」とは普賢菩薩の浄土のこと。とにかくどんな時、どんな世界を生きていようと、いま私が生命実物を生きているのだ。そういう意味でみんな完結している。だから刻々にオレはオレを生きているんだなあと、そこを返照する以外ない。動かしようのない不依倚の十二時だ。

『「莫便是長老見処麼」といふは、「これを見処とはいふまじや」といふがごとし。長老見処麼と道取すとも、自己なるべしと回頭すべからず。自己に的当なりとも、黄檗にあらず。黄檗かならずしも自己のみにあらず、長老見処は露回々なるがゆゑに』

黄檗も仏性だし、見処も仏性だし、十二時も仏性だ。そしたら何物が何物を見るといっても決まらない、どうともいえない。「見処とはいふまじや」だ。要するに見でも不見でも、得でも不得でも、思っても思わなくても、信じても信じなくても、みな生命実物なのです。

だから単に「自己なるべし」と頷くべきではない。みんな引っくるめているのが生命実物であって、何物が何物を見るとはいえない。

しかしまた、私の見処だという道理もある。黄檗も仏性も見処も十二時もみんな生命実物だから、これを見処ということもできる。

「自己に的当なりとも、黄檗にあらず」とは、的に当たったといっても黄檗だけの見処として受け取るべきではないということ。黄檗といい長老というのは個人持ちのものではなくて、尽法界黄檗、尽法界長老だ。そういう尽界が露わでまったく隠された処がないことを、露回々という。

『黄檗いはく、「不敢」。
この言は、宋土に、おのれにある能を問取せらるるには、能を能といはんとても、不敢といふなり。しかあれば、不敢の道は不敢にあらず。この道得はこの道取なること、はかるべきにあらず。長老見処たとひ長老なりとも、長老見処たとひ黄檗なりとも、道取するには「不敢」なるべし。一頭水牯牛出来道吽々なるべし。かくのごとく道取するは道取なり。道取する宗旨さらに又道取なる道取、こころみて道取してみるべし』

不敢とは「どういたしまして」という意味ですが、そうはいってもその言葉通り無能なのではなく、裏に能力のあることが隠されているわけだ。つまり不敢の道は言葉通りに測れるものではない。何から何まで仏性であって、生命実物ならざるはないという仏法が、自分の小さな思惑に入り切れるわけがないのだ。無量無辺のものが有限的オレの思惑にスッポリ入ってしまったら、それこそ大変だ。それなのにみんな自分の思いの枠でもって、なんとかしようなんとかしようと駆けずり回って、オレの思枠にうまくはまるとニタッと笑い、思枠が外れたといっては愚図っている。なあに自分自身でさえも生命実物であるかぎりオレの思い通りにいかないのは分かり切っている。

坐禅している人でもなんとか一発悟りたいと思って坐っているから、なかなか思ったように悟れなくて悩んでいる。しかし本当は坐禅して悟りを開いてお師家さんになるという既成のコースがあるわけではない。どうせ坐禅は坐禅だし、悟りは悟りであって、大切なのはその二つに分かれる以前の処なのだ。その二つに分かれる以前の処は、オレの頭へ入り切れるはずはない。つかみ切れるものではない。

だから「ああ、オレさえもオレの思惑通りにはいかないんだなあ」と、それだけ分かればいいんだ。そうなると不敢ということも仏性と同じことだ。

「一頭水牯牛出来道吽々」とは、一頭の牛が出てきてモウモウ鳴くことだ。牛がモウというように、黄檗が不敢といったのは仏性が出てきて仏性を吼えたようなものだ。

『南泉いはく、「漿水銭且致、草鞋銭教什麽人還」。

いはゆるは、「こんづのあたひはしばらくおく、草鞋のあたひはたれをしてかかへさしめん」となり。この道取の意旨、ひさしく生々をつくして参究すべし。漿水銭いかなればかしばらく不管なる、留心勤学すべし。草鞋銭なにとしてか管得する。行脚の年月にいくばくの草鞋をか踏破しきたれるとなり。いまいふべし、「若不還銭、未著草鞋（若し銭を還さずは、未だ草鞋を著かじ）」。またいふべし、「両三輛」。この道得なるべし、この宗旨なるべし』

水代はまあいい、しかしワラジ銭は誰が払うんだという。これは「仏性常住はしばらくおく、仏性の修行は什麼人(なにびと)をしてか還さしめん」ということだ。

漿水のことをこんずともいい、ここではどっちへどう転んでも御いのちの仏性常住を表わしている。それに対して草鞋銭でいまこの実物こそ御いのち、限りない仏性の修行を表わしている。だから仏性常住はよく分かった、しかしそれを実際に修行するのはどうか、というわけです。

たとえば、不依倚一物ということでも、じつは誰でも不依倚一物なのです。「いや私は何かに頼らなくては生きていけません」そんなものではない。ただ世間的にいえば子どもに依倚している人もいれば、お金だけをアテにしている人もいる。世間の人はみんな何かに依倚しているつもりでいる。ところが何かをアテにし依倚していたら、必ず動揺するのだ。子どもに頼っていれば、その子が親不孝になったり、病気になって死んだらそれで動揺せざるを得ない。

ところがいま生命実物といったら、もうみんな生命実物を生きているのです。そのかぎり誰も彼も不依倚一物で常住仏性を生きている。これは間違いのないことだから心配いらない。それだからといって修行がないわけではない。どっちへどう転んでも生命実物を生きているのだということを、いまここで扇ぎ出さなければならない。

それが道元禅師のいわれる証上(しょうじょう)の修(しゅ)というものです。決して修行して初めて仏性になれるという合格不合格の話ではない。もう生命実物を生きているという点では、初めっから生命実物で不足はない。これは証だ。その証の上に立っていまここでいかに修行するか、これだけが仏法として一番大切な処だ。仏性ぐるみのなかでその仏性をいかに生きていくかという私自身の宗教生活が、道元禅師の一番おっしゃりたい処だ。だからこれは生々尽くして各々が、どこまでも参究していかなければならないわけです。

そういう南泉の問に対して、道元禅師が代わりに答えていわく「若し銭を還さずは、未だ草鞋を著かじ」――仏道修行は無限で還しようがないから、もう裸足でじかに行く。これは天地一杯で行くということだ。

あるいはいわく「両三輛」、これは二、三足ということですが、つまりいまここ、やっただけはやったという意味だ。

『「黄蘗便休」。これは休するなり。不肯せられて休し、不肯にて休するにあらず。本色衲子しかあらず。しるべし、休裏有道は、笑裏有刀のごとくなり。これ仏性明見の粥足飯足なり』

これは答えられないので黙ってしまったわけではない。「休す」ということが現成だ。天地一杯の仏性という風を、いまここで扇ぎ出しているということは、もう口ではいいようがない。

だいたい本物の衲僧は他人の肯不肯に左右されない。大切なのは肯不肯にかかわらない、信じても信じなくても、拝んでも拝まなくてもある生命実物だ。

「休す」という処に堂々と「道」があるのは、笑っているなかに鋭い刀があるようなものだ。「粥足飯足」とは、仏性明見の道理が本当に生活として身についたことをいう。

『この因縁を挙して、潙山、仰山にとうていはく、「莫是黄蘗搆他南泉不得麼（是れ黄蘗他の南泉を搆することを得ざるにあらずや）」。

仰山いはく、「不然。須知、黄蘗有陥虎之機（然らず。須らく知るべし、黄蘗陥虎の機有ることを）」。

潙山云、「子見処、得恁麼長（子が見処、恁麼に長ずることを得たり）」。

大潙の道は、そのかみ黄蘗は南泉を搆不得なりやといふ。

仰山いはく、「黄蘗は陥虎の機あり」。すでに陥虎することあらば、捋虎頭なるべし』

これは後日談ですね。「黄蘗便ち休す」といったものだから潙山がこの問答を取り上げて、「黄蘗は南泉の心を自分に引きつけて十分知ることができなかったんじゃないか」とカマをかけた。そしたら仰山が「いやそんなことはありません。黄蘗はちゃんと虎を引っつかまえてしまった働きがあります」と答えた。それで潙山は仰山をほめて「子見処、得恁麼長」といったわけですが、ここで子というのは仰山のことだけではない。「仏性見処、得恁麼長」というようなものだ。つまり仏性がこの言葉のなかで一段と深くなった。

「捋虎頭」とは手なずけることで、虎をつかまえたのならもう手なずけて虎の頭を撫でている。要するに虎をつかまえてるというのは、生命実物をつかまえているということです。そしたら何から何まで、どっちへどう転んでも御いのちだ。何に出会っても私の生命分身ならざるはないのだから、わが生命の分身として大事にして頭を撫でてやることだ。

『陥虎捋虎、異類中行。明見仏性也、開一隻眼。仏性明見也、失一隻眼。速道速道。仏性見処、得恁麼長（虎を陥れ虎を捋る、異類中に行く。仏性を明見しては一隻眼を開く。仏性が明見すれば一隻眼を失す。速やかに道へ、速やかに道へ。仏性の見処、恁麼に長ずることを得たり）なり。

　このゆゑに、半物全物、これ不依倚なり。百千物、不依倚なり、百千時、不依倚なり。このゆゑにいはく、籮籠一枚、時中十二、依倚不依倚、如葛藤依樹。天中及全天、後頭未有語（籮籠は一枚、時中は十二、依倚も不依倚も、葛藤の樹に依るが如し。天中と全天と、後頭未だ語あらず）なり』

「異類中行」というのもそうです。天地一杯という生命からいえば、自分に対するものは何一つない。相対する類などないのだから私の生命分身として同じ類だ。しかし私の生命なのだけれど、いましばらくそちら側に現われているから私とは少し異なって見えている。それで異類という。私が生きるというのはいつでも異類中行——私は私の生命実物だけを生きていながら、しかもちょっと他に見えているその中をただ行じていくということだ。だから誰でもみんな出会う処わが生命、みんな生命実物をつかまえて（陥虎）、出会った生命の頭を撫でている（捋虎）。

「開一隻眼」「失一隻眼」と出てくるといかにも出入りがあるようですが、どっちへどう転んでも生命実物の上の風景だ。開も失もない処の開失だ。それが仏性明見の道理です。それで「速やかに道へ、速やかに道へ」、いまここ結局どうだ?! そしたらただ一所懸命私は喋っているという以外ない。出入りなしの出入りというわが生命実物からいったら、ただやるという以外ない。只管だ。生死なしの生死において、只管生き只管死ぬ、それだけだ。そうやっている処に仏性の道理が一段と深くなっていく。

　だから半物は半物なりに完結、全物は全物なりに完結している。百千物も完結、百千の諸の時間もそれぞれに完結している。

「籮」は陸の獣をとる道具、「籠」は水中の魚をとる道具で、ふつうは繋縛の意ですが、ここでは定慧のこと、つまり仏性一枚をいう。そして仏性という十二時に、依倚の形もあれば不依倚の形もある。しかし依るのも依らないのも、葛も藤もからまれる樹も、それぞれ仏性、みんな生命実物だ。「天中及全天」、天地一杯ぐるみ何から何まですべて仏性だ。「後頭」とは畢竟の意。そしたら畢竟「未だ語あらず」でなんともいいようがない。いいようがないから黄蘗もいうことをやめた。便ち休するなりだ。

〈十二〉趙州狗子無(じょうしゅうくしむ)の章

——お腹を減らしていると何でもおいしい、それが無

趙州真際大師にある僧とふ、「狗子還有仏性也無(わんうぶっしょうやむ)（狗子にまた仏性有りや無(いな)や）」。

この問(とい)の意趣あきらむべし。狗子とはいぬなり。かれに仏性あるべしと問取せず、なかるべしと問取するにあらず。これは、鉄漢(てっかん)また学道するかと問取するなり。あやまりて毒手にあふ、うらみふかしといへども、三十年よりこのかた、さらに半箇の聖人(しょうにん)をみる風流なり。

趙州いはく、「無」。

この道(どう)をききて、習学すべき方路(ほうろ)あり。仏性の自称する無も恁麼なるべし、狗子の自称する無も恁麼道なるべし、傍観者(ぼうかんしゃ)の喚作(かんそ)の無も恁麼道

なるべし。その無わづかに消石の日あるべし。

僧いはく、「一切衆生皆有仏性、狗子為甚麼無（一切衆生皆仏性有り、狗子甚麼としてか無き）」。

いはゆる宗旨は、一切衆生無ならば、仏性も無なるべし、狗子も無なるべしといふ、その宗旨作麼生、となり。狗子仏性、なにとして無をまつことあらん。

趙州いはく、「為他有業識在（他に業識の在ること有るが為なり）」。

この道旨は、「為他有」は「業識」なり。「業識有」、「為他有」なりとも、狗子無、仏性無なり。業識いまだ狗子を会せず、狗子いかでか仏性にあはん。たとひ双放双収すとも、なほこれ業識の始終なり。

『趙州真際大師にある僧とふ、「狗子還有仏性也無（狗子にまた仏性有りや無や）」。

この問の意趣あきらむべし。狗子とはいぬなり。かれに仏性あるべしと問取せず、なかるべしと問取するにあらず。これは、鉄漢（てっかん）また学道するかと問取するなり。あやまりて毒手にあふ、うらみふかしといへども、三十年よりこのかた、さらに半箇の聖人（しょうにん）をみる風流なり』

この巻の初めに悉有仏性と出てきたように、いま凡夫としてあることも生命実物なら帰るべき処も生命実物、帰るべく畢竟帰運転しているのも生命実物で、何から何まで仏性でした。しかしながらこの悉有仏性という言葉は、振り返って反省してみて「なるほどみんな生命実物なんだな」という、いわば観察者としての言葉だ。そういう生命実物をいま事実生きている点からいうと、悉有仏性ともいう余地がないわけだ。当の本人としては自分が何であるのか観察することなどできない。

その点からいえば、ただ時節因縁をまさに感じているだけであり、一切規定以前の無仏性であり、刻々の無常仏性であり、自分を手放した除我慢という無相であり、完結という意味においての身現円月相さらに十二時中不依倚一物でありました。ここではその話がいよいよ煮詰まってきて、そういう仏性の在り方を端的に「無」という。

「狗子」というのは犬ですが、犬を動物学的に観察して仏性があるのかないのか問題にしているのではない。狗子という業相を取り上げながら、ここで私という業相をもった私自身のことを問いかけているのです。

「開山はこの問いの意趣を明らめろといわるる。どう明らめるかというに、狗子とは犬なり、それをしゃんと知れ。石は石なり、人は人なりと、しゃんと明らめろといわるる。これでみる

と生死とは、生を生、死を死と知ればよい。それを凡夫は対待に見るからいつもまごつくのじゃ」（啓迪）

西有禅師はここでなかなか面白い注釈をしている。つまりわれわれは、いつでも他とのカネアイでものを見ているから話が違ってしまう。他とのカネアイをやめたら、狗子は狗子というだけ、自分は自分というだけ、生は生、死は死で十二時中不依倚一物だ。

ところがみんな実物を見失って、いつでも他とのカネアイの世間相場だけで見ている。目の前の人の中味を見ないで、その人の肩書きとか姿形——国会議員とかナントカ会社の社長とかいうとその名刺一つに恐れ入ってしまうし、美人だったらそれだけでチヤホヤされてしまう世の中だ。でも考えてごらんなさい。われわれ人間というのはどんな人でも、裸で生まれてきて裸で死んでいくだけなんだ。地位も財産も容貌も才能もみんなただそのしばらく中間の時に着る着物でしかないのに、それを自分そのものだと思って、なんとか人よりいい着物が着たいと、喜んだり、うらやんだり、奪い合ったり……。

その点、まったくその実物を見てはいないのだ。生命実物といったら有無分かれる以前なのだから、「かれに仏性あるべしと問取せず、なかるべしと問取するにあらず」ということくらいは、初めから分かっている。だから「ある僧とふ」といっても、犬っころに仏性があるかないかと聞いたのではなく「これは、鉄漢また学道するかと問取するなり」だ。

鉄漢とは何か。金持とか社長とか貧乏とか、美人とかへチャとかハンサムとか、そういう着物をすべて剥ぎ取った素っ裸の人間のことだ。その裸の人間が、なお素っ裸の処を学道するかどうか。有無分かれる以前の生命実物を生きている人間が、なお有無分かれる以前の生命実物を追求する処があるかどうか。

「あやまりて毒手にあふ、うらみふかしといへども」――いやあ犬が仏性に会うなんて、これはとんだ目に会ったわけだよ。それこそただ土間に寝ころんでお客でも来たらワンワン吠えてるだけでいいのに、仏性に会うなんて犬にとってはまったくひどい目に会ったものだ。

「三十年よりこのかた、さらに半箇の聖人をみる風流」とは、昔石鞏（せっきょう）という人が三十年かけてようやく本物の弟子に出会うことができたという故事を引いている。要するに私自身生々世々生きてきたのに、初めていま仏法に出会ったということです。

『趙州いはく、「無（む）」』

この問答は昔から公案として珍重されていて、いまの臨済宗でも最初にこの無字の公案とか、父母未生以前本来の面目の公案を授けて拈放工夫させています。だからこれはもはや説明すべきことではない。どこまでも公案として工夫修行すべきだ。

その点、古来禅門のやり方は、初めっからまったくなんの説明もなしに公案を授けて、間違えばブッ叩き、また間違えばブッ叩くというやり方だった。こういうやり方は頭の観念遊びなしに骨身に徹するので結構なのだが、しかし同時にその様子を見ていると「黒山鬼窟裡に活計をなす」という言葉があるくらい、あまりに見当外れの処でバタバタしている修行者が多すぎる。

お師家さんの多くは「狗子に還って仏性有りやまた無しや。無」といって説明もしないで、「これは言葉ではない。無に成り切ってこい」という。ところが学人の方は、仏性という言葉も何か判然としないまま混沌感情で「仏性とは仏さんの性質で、それは無に成り切ることだ」と思いこみ、一所懸命坐禅しながら「ムッ、ムツ、ムッ」とうなっている。するとこれは温度と湿気のいたずらで、日中ムラムラムラムラしていた陽気が夕方一雨来てフーッと涼風でも立てば、ハッとすることだって確かにある。それで「分かったー」というわけでお師家さんの処へスッ飛んで行って、目が据わっているところで一発「ムウーッ」というと、「ヨシ」などといわれる。いや事実、こんな程度で自分は見性したとか無字の公案が通ったといって得意になっている文章を、いくらでも目にしたことがある。

ところがこういう人は危い。とにかく坐禅をやり通して、ハッとする処までやり抜いたのだという自信がある。おまけにヨシと印可されたということが、また瘡蓋のように自信をつけるもの。それだから鼻っ柱だけは強くなって、何かというとカーッと始める。ところがその悟りが通用しなくなるときが、必ず来るのだ。本当に自分の生死の一大事に直面したとき、へたへたっとしてオレはなんにも生死について知らなかったのだということを知らされる。いわば大切な悟りを取り上げられたようなもので、もうこのときは取り返しがつかない、奈落の底へ真っ逆さまだ。

だいたい仏性といったら「無」それ一つでいいのだ。何もいうことはない。ところが道元禅師がこれだけ仏性について懇切丁寧に苦心して書き残されているというのはどういうわけか。それはそういうカラ悟りを不憫に思われればこそです。だからそういうつもりで、この「仏性」の巻もよく味わわなければならない。仏法は確かにアタマの問題、言葉の問題ではないけれど、しかし事実人間としてわれわれはアタマをもち言葉も使っている。だからアタマッからアタマを否定し、言葉じゃないといってもいいものでもない。そしてただ混沌感情だけでことを済ませようとなると本当に危い。

その点、言葉でいえる処までは最後まで言葉で言い抜こうというのが、私の変わらない信条です。そしてここから先はどうしても言葉でいえないとなったら、何が故にいえないのか、そこまで言葉で言い尽くしたい。そしてせっかく道に志した学人が、見当外れの処に首を突っ込まなくても済むようにしたいと願っている。

「趙州いはく、『無』」これがまったく有る無しの話ではないということは、初めから分かっている。そこをあえていうのなら、私は「絶賓辞（ぜつひんじ）」――賓辞を絶しているといいたい。

ふつう、われわれがいろんなものを認識するのは、「AはBである」という判断によって、「B

なるA」という存在を認識するわけです。そのとき「A」は主語、「Bである」というのは賓辞だ。述語ともいう。ところがもし「A」についていかなる賓辞も絶たれているなら、「A」という存在さえわれわれは知ることができない。

裸の生命実物とはそういう賓辞、いかなる説明的述語も一切絶たれているので、そこには寄り付きようがないという無だ。いや、「絶賓辞である」という賓辞さえも絶たれている。

たとえば私などは存在の薄い男だ。私の書いたものを何かの雑誌に載せるとか、どこかに頼まれて講演に行くとき、「内山興正さんの肩書きは何にしましょう?」とよく聞かれるが、そんな肩書きはなんにもない。でも何かないと困るというので——前安泰寺住職。でも一体これはなんだ? 清水寺とか大徳寺とかいうシロモノなら話は分かる。しかし安泰寺といっても誰も知らないので、ただの言葉のオンでしかない。そこへもって「前」というのがつくと、これはもう限りなく存在が薄れてくる。

では私という人間がボーッとしていなくなったのかといったら、私は私だ。私は肩書きでなくてこの実物で生きてるんだ。中味で勝負している。ところが世間では肩書きだけがモノをいう。社長だから偉いとか、別嬪だから高級品だとか決め込んだ世間相場だけで動いている。そういう世間相場を取り去った実物というのが絶賓辞だ。あらゆる賓辞を剥ぎ取ったまったく裸の自己——これはもうなんともいうことができないから、本当は出会えない。

だいたい自分は自分を知り得るかといったら、私を本当に知っているのは私だけだという面があると同時に、私は絶対に私を知り得ないという面もある。私が私の瞳の深さを見ようと一所懸命頑張っても、ナマの目玉でナマの目玉を見ることはできないようなものだ。

だから「狗子に仏性ありやいなや。無」というその無は、そういう寄り付きようのない、一切手がかりの絶たれた無だ。なんとも底知れない深さだ。

ではその無は私自身と厳しく関係の絶たれた何かなのかというと、そうではない。じつはみんなその無をいまここで自由に生きているのです。ここが不思議なんだね。そしてその無という生命実物から、どうしても落っこちようがない。思っても思わなくても、信じても信じなくても、疑っても疑わなくても、そこから落ちこぼれることはない。だから「無に成り切ってきました」「誰が？」「ハイ私が」というような、隙間だらけの話とは違うのだ。私が悟ったり、私が迷ったりする隙間がまったくないのだ。これはもうどっちへどう転んでも十方仏土中。どこまでも生命実物として摂取不捨(せっしゅふしゃ)の阿弥陀さまの手のなかです。

そうするとこの「仏性無」というのは、頭では絶対に寄り付くことのできない厳しさと同時に、どっちへどう転んでもそこから滑り落ちようのない安らかさという、まったく矛盾したものがコソッと入っている。

これは一体どういうことか？

ちょうど「在家仏教」という雑誌に、清水公照さんという東大寺の前管長さんが面白いことを書いておられました。

あるドイツ人が無とはどういうものかといって質問してきた。ところが通訳の人があまり上手くないのでむずかしいことは話せない。そこでちょうど運ばれてきたご馳走を食べながら、「お腹を減らしていると、なんでもおいしくいただけます。それが無です」といったという。これはうまい答えです。無というのは私の思いでは絶対に寄り付けない。かえって思いを手放すというお腹を減らせることによって、初めて生命実物に出会い、おいしくいただける処がある。

それに対してふつうは、何かおいしいご馳走というものが向こう側にコロッとあるものだと思って、なんとかそれにありつこうと犬がゴミ溜めを漁るように、フンフンフンフン探しまわっている。何かウマイ金儲けはないか、どこかにウマイ悟りはないかといって餌漁りしてるでしょ。ところがそうやって外へ向かって追ったり逃げたりしてたら話は違うのだ。そんな我執我欲だけでお腹がふくれていたら、ご馳走がおいしくいただけるはずがない。

そのオレの我執我欲をパッと手放す。もう少しみんな気前よくパッと手放してみたらスッとするのにね。とにかく我執我欲だけが手放せないでいるその思いを、いまここで手放す深さこそが、生命実物に出会う深さだ。自己の人生の深さだ。修行とは我執我欲の手放しを百千万発することだ。だから、先にもいったように「百千万発ただいま運転中、話しかけないでください」という札をぶら下げてあるようなのが、また無ということです、いままでお話したようなことが無というなかにコソッと入っている。

つまり「狗子にまた仏性有りや無や」というのは「鉄漢また学道するか」という問であり、それは裸の人間がしかもなおどこへ向かって学道するかという問だ。

それに対して「無」という。その意味は絶賓辞で寄り付きようのない裸であり、しかも落ちこぼれようのない裸であり、百千万発ただいま運転中の裸なのです。結局、狗子仏性無というのは、この狗子という業識をもちながらそれぐるみ裸である自己——私は日本人で二十世紀に生き、頭が少々とんがっているというような業識業相をもっている。いろんな着物を着ている。しかし、じつはそういう業識業相ぐるみ裸なのだ。そういうそれぐるみ生命実物の処へ向かって発心百千万発していく。そのアタマ手放しの深さが、生命実物の深さだ、それが狗子仏性無ということです。

ここまで読んでくると道元禅師がこの巻でおっしゃりたいのは、ただ信心を深めるだけの話だとはっきりしてくる。

三祖僧璨大師の信心銘に「信心不二、不二信心」という言葉がある、仏教でいう信心というのは非常に深い意味があって、心とは私がいつもいうところの生命実物、信は澄浄の義だ。要するに生命実物に澄み浄くなっていくのを信心という。ところが帰るべき生命実物も、そこへ向かって澄浄していくということも不二だ。それぐるみ二つに分かれる以前の実物だ。同時に不二信心であって、そういう不二にこそ信心していかねばならない。生命実物である不二へただ澄み浄くなっていかねばならない。だから仏法というのは、みんなたった一つのことをいっている。

また臨済録に次のような言葉がある。

「上堂。云く、一人有り、論劫途中に在って家舎を離れず。一人有り、家舎を離れて途中に在らず。那箇か合に人天の供養を受くべき。便ち下座」

論劫とは永遠にということ。一人はいつでも道の途中にありながら家を離れていない。もう一人は家は離れているけれど途中でもないという。

これね、途中にあるというのはただいま運転中だ。一所懸命ただいま運転中。それでも生命実物から離れていない。もう一人の方はただいま運転中なるが故に、家舎にもとどまらない、途中にもとどまらない。どこともつかめない。そしてどちらが人天の供養を受けるにふさわしい人間かと、臨済禅師はちょっとカマをかけてるけれど、本当はこの二人のいずれでもあるのが仏性だ。合格不合格の話として持ち出しているのではない。生命実物としての仏性は、途中にも家舎にも、有るのでもあり無いのでもある。

だからこの言葉もよく味わってみると「信心不二、不二信心」の話だ。それからいまいう仏性の話でもある。畢竟帰運転中でありながらそれが仏性なのだ。仏性でありながら、どこまでも仏性を追求していかなければならない。鉄漢また学道しなければならない。

結局、この辺で仏法の本当の在り方というものを、よーく腹のドン底まで分からなければ駄目だね。この辺でまだ分からない人はどうしても分からない。平面的なことだけで考えていたら違うのだし、いわんや混沌感情でムーッムーッとうなっているというのは……。まあ頭も雑駁じゃ駄目だ。

道元禅師はこれを「証上の修」といわれる。家舎を離れないのだから証、それをどこまでもやっていくから途中であり、修だ。あるいは修証一如とか無所得の常精進ともいわれている。要するに修証は不可得だ。途中にもない、家舎にもない。ただ只管一所懸命、修行精進していくことが仏道だ。

だから決して狗子仏性無の話を、公案として通ったか通らないかという合格不合格の話にしてはならない。どこまでも自分自身の宗教生活を深めていく糧として受け取らなければならない。つまり自分の我執我欲を手放す深さが、自己の人生の深さだということだ。この辺が道元禅師の証上の修、修証一如の仏法の根本です。

もっと具体的にこれをいったらこういうことだ。とにかくわれわれ仏性のなかに事実生きているのだから、本来自性清浄の仏さまだ。このことを信じ、この坐りから日常の自分を反省していくことです。

オレは仏さまにしてはここの処が少々お粗末だなと振り返る。仏さまにしてはちょっと貪りすぎじゃないかな、と貪るのをやめる。仏さまにしてはあんまり色気が多すぎやせんか、とまた手放す。

仏さまにしてはいつも怒りっぽくないか、と怒るのをやめる。まあこの辺がふつうわれわれの修行のしどころです。

だからどこまでやってもオレ合格といって威張れる処はない。仏さまを標準にして見ていたらどこまで行ってもお粗末なのだ。それなのに「オレは悟りを開いて仏の境涯」というなら、そこにあるのは傲慢だけだ。大切なのはわれわれ本来仏なのに、それにしてはお粗末だなあという懺悔の気持をもって生きることです。だからどこまでも修行百千万発していく無所得の常精進というのがなければならない。それが宗教生活というものだ。一回悟ったとか、幾つ公案を通ったとかいうことが問題なのではない。どこまでも自分自身の宗教生活として深めていくことが大切です。

どうせわれわれ天地一杯からの空気を呼吸し、天地一杯からの水を飲み、天地一杯からの食物を食べ、天地一杯からの命を生きている。天地一杯人であるには違いない。だからといって天地一杯人として、いまここそれを扇ぎ出さなかったら、天地一杯の人間ではない、我執我欲の固まりだ。それが定まった仏道の在り方です。

『この道をききて、習学すべき方路あり。仏性の自称する無も恁麼なるべし、狗子の自称する無も恁麼道なるべし、傍観者の喚作の無も恁麼道なるべし。その無わづかに消石の日あるべし』

仏性が自ら名のって出る無というのは絶賓辞だ。仏性そのものといったら絶賓辞です。狗子が自ら名のって出る無というのは、いわば落ちこぼれる隙間がないという無だ。そして外から見たら「ただいま運転中、話しかけないでください」という札がぶら下がっているような、自受用三昧の真只中にあるのも無というよりほかない。

とにかく無でもって法界を尽くしてしまう。それは太陽が強く照らすとき、石をも溶かしてしまうようなもので、仏性が強く照らしたときには仏性以外に何ものもない。無というかぎりは全部が無だ。

『僧いはく、「一切衆生皆有仏性、狗子為甚麼無（一切衆生皆仏性有り、狗子甚麼としてか無き）」。いはゆる宗旨は、一切衆生無ならば、仏性も無なるべし、狗子も無なるべしといふ、その宗旨作麼生、となり。狗子仏性、なにとして無をまつことあらん』

僧のいう「一切衆生皆有仏性」とは、一切衆生がみな仏性有りというのではなく、もう皆有仏性というそれぐるみが絶賓辞の実物だ。ここは次の私記の註がいい。

「一切衆生も無、皆有仏性も無、狗子も無なり、ゆゑに為甚麼無といへり」

だから皆有仏性ということも、それぐるみ絶賓辞として無だ。それで一切衆生も無、仏性も無、狗子も無。すべて生命実物で賓辞が絶たれているなら、これはもう無というほかない。その道理を

「作麼生」という。なんとしてもいえない。だから狗子仏性はなんとしても無なので、何もあなたが無というのを待って初めて無なのではありませんよという。

『趙州いはく、「為他有業識在（他に業識の在ること有るが為なり）」。
　この道旨は、「為他有」は「業識」なり。「業識有」、「為他有」なりとも、狗子無、仏性無なり。業識いまだ狗子を会せず、狗子いかでか仏性にあはん。たとひ双放双収すとも、なほこれ業識の始終なり』

「趙州いはく、『為他有業識在』」とは、犬には犬の業識があるからなあといったように見える。ところがこれはこの業識のほかに、仏性はないということだ。「為他有」とは他のために有るという意味で、他とのカネアイ、世間相場としての有だ。だから社長だ、金持だ、別嬪だという世間相場としての為他有は、どうせ業識です。しかしそういう「為他有」にしても「業識有」にしても、それぐるみ生命実物としては絶賓辞で、「狗子無」、「仏性無」だ。為他有——他とのカネアイであるといいながら、それ自身値段のつけようのない実物であることは間違いない。

たとえば、あなたがすごい別嬪であるといっても、これはただ裸で生まれてきた人間が裸で死んでいくしばらく中間に着る着物に過ぎないという面がある。しかし同時にそういう別嬪という着物を着ていながら、その着物ぐるみまた絶賓辞なのだ。いいですか。自分というものはまったく裸だというと同時に、着物を着て着物ぐるみまったく裸の処がある。だから前にもいったように、私を本当に知っているのは私だけだという面と同時に、それぐるみ私は私だけは知り得ないという処があるのです。これは深さの話だから平面的な考え方ではどうしても割り切れない。

要するに着物は着物、美人は美人、社会的地位は社会的地位のまま、それぞれ仏性であり生命実物だ。そのまま業識の始終であり、生命実物の始終です。実物といったら狗子は狗子というだけなのだ。そしたら業識は業識ばかりで狗子と出会う隙間もないほど生命実物、狗子といったら尽界狗子なので仏性と出会う隙間もないほど生命実物だ。生命実物というかぎり、一切の賓辞を絶しているので、他のものとは出会わない。

「双放双収」とは、為他有、業識有と放ってみても、狗子無、仏性無と引き締めてみてもということ。引き締めても弛めても、着物は着物、美人は美人、社長は社長ですべてそのまま業識の在り方であり、同時にまた仏性の在り方でもある。つまり狗子無仏性といっても、その無のなかに業識の始終という風景もある。そしてそれはそのまま仏性の風景でもある。

だからみんなそれぞれの業識になって生きている自分の日常生活をよそにして、どこかに仏性が隠されているのではないのだということをここでよく知らなければならない。いまの業識業相それぐるみが仏性なのだから、その仏性の深さに向かってアタマ手放し、アタマ手放し、我執我欲を手放しして深まっていく以外はない。それが狗子仏性無の参究、工夫のしどころだ。

〈十三〉 趙州狗子有の章

——地位や金をもちながら
裸の深さを行じる

趙州有レ僧問、「狗子還有仏性也無」。

（趙州に僧有って問ふ、「狗子にまた仏性有りや無や」。）

この問取は、この僧、搆得趙州の道理なるべし。しかあれば、仏性の道取問取は、仏祖の家常茶飯なり。

趙州いはく、「有」。

この有の様子は、教家の論師等の有にあらず、有部の論有にあらざるなり。すすみて仏有を学すべし。仏有は趙州有なり、趙州有は狗子有なり、狗子有は仏性有なり。

僧いはく、「既有、為甚麼却撞入這皮袋（既に有ならば、甚麼としてか却この皮袋に撞入する）」。

この僧の道得は、今有なるか、古有なるか、既有なるかと問取するに、既有は諸有に相似せりといふとも、既有は孤明なり。既有は撞入すべきか、撞入すべからざるか。撞入這皮袋の行履、いたづらに蹉過の功夫あらず。

趙州いはく、「為他知而故犯（他、知りて故に犯すが為なり）」。

この語は、世俗の言語としてひさしく途中に流布せりといへども、いまは趙州の道得なり。いふところは、しりてことさらをかす、となり。この道得は、疑著せざらん、すくなかるべし。いま一字の入あきらめがたしといへども、入之一字も不用得なり。いはんや欲識庵中不死人、豈離只今這皮袋（庵中不死の人を識らんと欲はば、豈只今のこの皮袋を離れんや）なり。不死人はたとひ阿誰なりとも、いづれのときか皮袋に莫離(り)なる。故犯はかならずしも入皮袋にあらず、撞入(とうにゅう)這皮袋(しゃひたい)かならずしも知而故犯にあらず。知而のゆゑに故犯あるべきなり。しるべし、この故犯すなはち脱体の行履(あんり)を覆蔵(ふぞう)せるならん。これ撞入と説著するなり。脱体の行履、その正当覆蔵のとき、自己にも覆蔵し、他人にも覆蔵す。しかもかくのごとくなりといへども、いまだのがれずといふことなかれ、驢前馬後漢(ろぜんばごかん)。いはんや、雲居(うんご)高祖いはく、「たとひ仏法辺事を学得する、はやくこれ錯用心了也(さくようじんりょうや)」。

　しかあれば、半枚学仏法辺事(へんじ)ひさしくあやまりきたること日深月深なりといへども、これ這皮袋に撞入する狗子なるべし。知而故犯なりとも有仏性なるべし。

『趙州有レ僧問、「狗子還有仏性也無」。（趙州に僧有って問ふ、「狗子にまた仏性有りや無(いな)や」。）

この問取は、この僧、搆得(こうとく)趙州の道理なるべし。しかあれば、仏性の道取問取は、仏祖の家常茶飯なり。

趙州いはく、「有」。

この有の様子は、教家の論師等の有にあらず、有部の論有にあらざるなり。すすみて仏有を学すべし。仏有は趙州有なり、趙州有は狗子有なり、狗子有は仏性有なり』

重ねて同じ問を持ち出したこの僧は、「搆得趙州」――つまり趙州をちゃんと引っ張って自分のものにして問うている。仏性についての問答を怠らないのが仏祖日常の在り方だという。

その問に対して趙州は先の章では「無」といい、いまは「有」という。これはけしからんと思う人もいるだろうけれど、なあに仏性という生命実物はいつでも有と無と二つに分かれる以前なのだ。だから有と無は一つの生命実物の裏表だ。

先に引用した臨済禅師の言葉を借りれば、「一人有り、家舎を離れて途中に在らず」という面を表に出していったのが前章の「無」だ。それに対して「途中に在って家舎を離れず」という点を表に出したのがいまの「有」だ。

ふつう仏教教学などで「有」という場合は、慮知念覚の有であり、有相執着の有であり、さもなければ小乗の説一切有部が説くところの三世実有法体恒有（過去・現在・未来を通じて、実有なる諸法の自体が常に存在するということ）の有だ。しかしいまは、そういう常識世界の有でもなければ、小乗有部の人がいう有でもない。「仏有を学すべし」だ。

「仏有」というのは有と無と二つに分かれる以前の実物のことだから、「狗子とはいぬなり」の狗子有だ。一切衆生悉有仏性の仏性有だ。他とのカネアイなし、趙州は趙州、狗子は狗子、生は生、死は死で完結している。

『僧いはく、「既有、為甚麼却撞入這皮袋（既に有ならば、甚麼としてか却この皮袋に撞入する）」。

　この僧の道得は、今有なるか、古有なるか、既有なるかと問取するに、既有は諸有に相似せりといふとも、既有は孤明なり。既有は撞入すべきか、撞入すべからざるか。撞入這皮袋の行履、いたづらに蹉過の功夫あらず』

この僧のいうことは「すでに仏性をもっているのに、どうして犬という皮袋へ入ったんですか」というふうに聞こえるが、道元禅師の提唱はそんな読み取り方はされない。

「今有」とは、いま初めて有ること。「古有」は、本来もとより有ること。

それに対して「既有」とは、いつのころからか因縁生としてフッと有るというようなそんなニュアンスがある。

「清浄本然、云何が忽ち山河大地を生ず」

ある僧が瑯琊慧覚和尚にこう問いかけたら、すかさず「清浄本然、云何が忽ち山河大地を生ず」と切り返されたという話があります。

実際まったく清浄本然だ。そこの処へどうしてこんな世界ができたのですかと問うたら、その答えもまたどうしてこんな世界ができた——これはもうこのままだもの、このまんまあるというだけだ。それを「既有」という。

その点、一切諸法とか万法という言葉によく似てはいるけれど、仏性の既有というのは「孤明」だ。松は松だけ、竹は竹だけ、他とのカネアイではなく孤立明歴々だ。

もし一切諸法が既有として仏性の孤立明歴々であるなら、そこに撞入ということはない。他とのカネアイがない処では撞入ということも余計だ。しかし天地一杯の仏性がいまこの形になっているということは、また撞入している処がないわけでもない。

たとえば、私自身いま天地一杯の生命を生きている。天地一杯の生命でありながらしかしこういう形として生きているかぎり、やっぱり撞入しているわけだ。出入りなしの処に出入りがある。不去不来の処に如去如来している。途中に在って家舎を離れていない。そういうのが仏性なのだということを蹉過してはならないぞという。

『趙州いはく、「為他知而故犯（他、知りて故に犯すが為なり）」。

この語は、世俗の言語としてひさしく途中に流布せりといへども、いまは趙州の道得なり。いふところは、しりてことさらをかす、となり。この道得は、疑著せざらん、すくなかるべし。いま一字の入あきらめがたしといへども、入之一字も不用得なり。いはんや欲識庵中不死人、豈離只今這皮袋（庵中不死の人を識らんと欲はば、豈只今のこの皮袋を離れんや）なり。不死人はたとひ阿誰なりとも、いづれのときか皮袋に莫離なる。故犯はかならずしも入皮袋にあらず、撞入這皮袋かならずしも知而故犯にあらず。知而のゆゑに故犯あるべきなり』

「故犯」とは、知っていてわざわざやったというわけです。世間的意味で考えたら、この言葉には誰でも疑問をもってしまう。

いま「入」と一応いうけれど、天地一杯であるかぎり、入ると入られるものという関係はない。天地一杯というものがあらかじめあって、それが私という皮袋に入ったのではなくて、この皮袋ぐるみそのまま天地一杯だ。そうなると入る入られるという能所を超えているのが天地一杯の生命実物だ。

「庵中不死の人を識らんと欲はば、豈只今のこの皮袋を離れんや」、これは石頭大師の草庵歌の一節です。石頭大師にとって草庵というのはこの体だ。この体は小さいけれどしかしまた法界を含んでいる。この皮袋のほかに不死の仏性があるものではない。あなたはいま社長さん、あなたはいま小使いさん、あなたはいま美人——美人であって結構だし、小使いさんであっても、社長さんであってもいい。決してそれを離れて仏性があるのではなく、事実それぐるみ仏性だ。業識業相ぐるみ仏性という処へ向かって、いかに手放し深まっていくかの話なのだ。だから不生不死の主人公がどんなものであろうとも、絶対にこの皮袋から離れてはあり得ない。

そうであるからこそ「故犯はかならずしも入皮袋にあらず」だ。不死の人が故犯のゆえに入皮袋したという因果関係ではなくて、故犯は故犯、入皮袋は入皮袋、撞入は撞入、知而故犯は知而故犯で隔絶只管している。

しかしながらまた、そういう四句百非（多くの否定の言葉）を離れたところで「知而のゆゑに故犯あるべきなり」といわなければならない。知而とは素っ裸の自分、故犯とはその自分が着物を着ているということ。言い換えれば知而は大悟、故犯は却迷、つまり悟りに大迷なんだ。出入りなしの知而のなかに故犯という出入りがある。だから決して因果関係で「故に」といっているのではなく、故犯という出入りの全部がもう仏性ぐるみの仏性で、しかもそれが出入りのない知而の処に出入りしているということが知而故犯だ。

『しるべし、この故犯すなはち脱体の行履(あんり)を覆蔵(ふぞう)せるならん。これ撞入と説著するなり。脱体の行履、その正当覆蔵のとき、自己にも覆蔵し、他人にも覆蔵す。しかもかくのごとくなりといへども、いまだのがれずといふことなかれ、驢前馬後漢(ろぜんばごかん)。いはんや、雲居(うんご)高祖いはく、「たとひ仏法辺事を学得する、はやくこれ錯用心了也(さくようじんりょうや)」。

しかあれば、半枚学仏法辺事(へんじ)ひさしくあやまりきたること日深月深なりといへども、これ這(しゃ)

皮袋に撞入する狗子なるべし。知而故犯なりとも有仏性なるべし』

だからこの「故犯」というのは、そのまま仏性です。「脱体の行履」とは解脱のこと、「覆蔵」は覆いかくすこと。つまり仏性に覆いかくされて、もう仏性のほかに何もない。仏性という点からいったら何から何まで解脱している。われわれ迷おうにも迷う隙間がないほど仏性だけなのだ。撞入というのは何かがどこかへ入ることではなくて、まったく出入りなしの仏性の処に、しかもアレがありコレがありソレがあることをいま撞入という。

結局、故犯も撞入も仏性ぐるみの仏性ですべて解脱ということが、自己の内容でもあり、他人の内容でもあるのだ。われわれ生きている間いろんな着物を着て大問題にしているけれど、それぐるみどうせ裸なのだ。ここまでいってしまったら「私はまだ解脱できません」というような馬鹿なことを口にすることはできない。「驢前馬後漢」とは、ロバの前へ行ったり馬の後ろをうろついたりしてウロチョロする人間のこと。つまり自分の本分を明らめていない人をいう。実際に誰でも彼でも悉有仏性で脱体の行履に覆われている。それがそのまま自己の内容だ。そこまで分かったのだからもうウロチョロしようがない。

その点、仏法いうのはまったく無色透明です。悟りといったらもうみんな悟っているのだし、迷っているといったら全部迷っている。有といえば全部が有なのだし、無といえばすべてが無だ。悟りを開いて偉くなるとか、病気が治るとか、金が儲かるとかいう色がついていないので、世間の人には透明すぎてちっとも分からない。

そういう無色透明の仏法に対して、もし学得したといったらもうこれは誤っている。「錯(さく)」は錯覚や倒錯の錯と同じで誤るという意味だ。しかしこの誤るということが大事なのです。澤木老師は自分の書によく「錯錯道人」と印していたけれど、仏法という透明な処に、さらに透明を重ねて学ぶところがなければならない。「即心是仏(そくしんぜぶつ)」の巻にも「将錯就錯(しょうしゃくじゅしゃく)」という言葉があったように、間違いをもって間違いにつかなければならない。透明な仏法をまた透明に学ぶべきだ。

その錯を日に深く月に深く積功累徳(しゃっくるいとく)して学道していく。つまり裸の鉄漢が金とか地位とかいろんな着物を着ながら、しかもそれぐるみ裸であることを学道していくのが「這皮袋に撞入する狗子なるべし」だ。

だからわれわれの業相業識ぐるみが裸の仏性だ。「知而故犯」だ。そうするといまこの実物こそ御いのちというだけが大切だ。あなたの日常生活があなたの日常生活という着物でいかに彩られていようと、それぐるみ裸なのだということを忘れず、いまこの実物こそ御いのちを参究工夫していくことだ。その工夫もなくオレは社長だから偉いのだと本気で思っていたら、いざ自分の生死一大事のときになって驚きもがくのは致し方ない。だから地位をもち金ももちながら、何もかももちながらそれぐるみ裸だという処を、いまこの実物こそ御いのちの深さで行じていかなければならない。それが有仏性の参究工夫のしどころです。

〈十四〉蚯蚓斬為両段の章

——全体我がいのちとして千変万化に働く

長沙景岑和尚の会に、竺尚書とふ、「蚯蚓斬為両段、両頭倶動。未審、仏性在阿那箇頭（蚯蚓斬れて両段と為る、両頭倶に動く。未審、仏性阿那箇頭にか在る）」。

師云く、「莫妄想（妄想すること莫れ）」。

書曰く、「争奈動何（動ずるはいかがせん）」。

師云く、「只是風火未散（只是れ風火の未だ散ぜざるなり）」。

いま尚書いはくの「蚯蚓斬為両段」は、未斬時は一段なりと決定するか。仏祖の家常に不恁麽なり。蚯蚓もとより一段にあらず、蚯蚓きれて両段にあらず。一両の道取、まさに功夫参学すべし。

「両頭倶動」といふ両頭は、未斬よりさきを一頭とせるか、仏向上を一頭とせるか。両頭の語、たとひ尚書の会不会(えふえ)にかかはるべからず、語話をすつることなかれ。きれたる両段は一頭にして、さらに一頭のあるか。その動といふに倶動といふ、定動智抜(じょうどうちばつ)ともに動なるべきなり。

「未審(みしん)、仏性在阿那箇頭」。「仏性斬為両段、未審、蚯蚓在阿那箇頭」といふべし。この道得は審細にすべし。「両頭倶動、仏性在阿那箇頭」といふは、倶動ならば仏性の所在に不堪(ふかん)なりといふか。倶動なれば、動はともに動ずといふとも、仏性の所在はそのなかにいづれなるべきぞといふか。

師いはく、「莫妄想」。この宗旨は、作麼生(そもさん)なるべきぞ。妄想することなかれ、といふなり。しかあれば、両頭倶動するに妄想なし、妄想にあらずといふか、ただ仏性は妄想なしといふか。仏性の論におよばず、両頭の論におよばず、ただ妄想なしと道取するか、とも参究すべし。

「動ずるはいかがせん」といふは、動ずればさらに仏性一枚をかさぬべしと道取するか、動ずれば仏性にあらざらんと道著するか。

「風火未散」といふは、仏性を出現せしむるなるべし。仏性なりとやせん、風火なりとやせん。仏性と風火と、倶出すといふべからず、一出一不出といふべからず、風火すなはち仏性といふべからず。ゆゑに長沙は蚯蚓に有仏性といはず、蚯蚓無仏性といはず。ただ「莫妄想」と道取す、「風火未散」と道取す。仏性の活計は、長沙の道を卜度すべし。風火未散といふ言語、しづかに功夫すべし。未散といふは、いかなる道理かある。風火のあつまれりけるが、散ずべき期いまだしきと道取するに、未散といふか。しかあるべからざるなり。風火未散はほとけ法をとく、未散風火は法ほとけをとく。たとへば一音（いっとん）の法をとく時節到来なり。説法の一音なる、到来の時節なり。法は一音なり、一音の法なるゆゑに。

又、仏性は生（しょう）のときのみにありて、死のときはなかるべしとおもふ、もとも少聞薄解（しょうもんはくげ）なり。生のときも有仏性なり、無仏性なり。死のときも有仏性なり、無仏性なり。風火の散未散を論ずることあらば、仏性の散未散なるべし。たとひ散のときも仏性有なるべし、仏性無なるべし。たとひ未散のときも有仏性なるべし、無仏性なるべし。しかあるを、仏性は動不動によりて在不在し、識不識によりて神不神なり、知不知に性（しょう）不性（ふしょう）なるべきと邪執せるは、外道なり。

無始劫来（むしごうらい）は、癡人（ちにん）おほく識神を認じて仏性とせり、本来人とせる、笑殺人なり。さらに仏性を道取するに、拕泥滞水（たでいたいすい）なるべきにあらざれども、牆壁瓦礫なり。向上に道取するとき、作麼生ならんかこれ仏性。

還委悉麼（また委悉すや）。三頭八臂。


『長沙景岑和尚の会に、竺尚書とふ、「蚯蚓斬為両段、両頭倶動。未審、仏性在阿那箇頭（蚯蚓斬れて両段と為る、両頭倶に動く。未審、仏性阿那箇頭にか在る）」。

師云く、「莫妄想（妄想すること莫れ）」。

書曰く、「争奈動何（動ずるはいかがせん）」。

師云く、「只是風火未散（只是れ風火の未だ散ぜざるなり）」』


これは一読すればすぐ話は分かる。ミミズが切れた処を大入道が二人で見ていて、どちらの方に仏性があるのか大真面目な顔で問答しているわけだ。いやあ坊さんってさすがに暇なんだなあと思わざるを得ないでしょう。そこへもってきてその問答を取り上げて講釈しようというのだから、これも暇人だ。それをまた遠方からわざわざ新幹線にでも乗って聞きに来る人がいるのだから、いやはや世の中暇人が多い。

しかしこのミミズの話は何を象徴しているのか、もう少し角度を変えて考えてみる必要がある。

最近私はある教育雑誌にこんな問題を取り上げて書きました。いま学校の先生方が生徒たちに大事なこととして教えているのは、仲間に勝つことなのか、それとも仲間と仲良くすることなのか。それからまた日本国民としてねらうべきことは、国際競争場裡に勝利者たることなのか、それとも国際平和なのか。先生方いかがでしょう?

きっと社会科の授業などでは「何より人類として大切なのは国際平和である」と、情熱を傾けて喋っている若い先生も多いと思う。しかし生徒たちは平和が大切と聞かされながら、事実いまやらされているのは仲間同士との競争だ。ライバルを蹴落として自分の成績さえ上がれば良しとする食い合いだ。生徒たちはきっとそこになんとなく矛盾を感じていると思う。ただまだ幼いからこれを積極的に矛盾として意識する力はない。しかしなんとなしにこれがストレスとして溜まって、なんとなしにイライラしている子がきっといると思う。

いやこれは中学高校の生徒だけではない。社会人として勤めに出ている人でも、いつも上役からライバルに打ち勝つ成績を上げろと尻を叩かれ、頑張って成績を上げているうちはいいけれど、いつしか息切れしてガックリと疲れ果てたとき、たちまち消耗品のように窓際へ追いやられてしまう。私やトットちゃんなら窓際はあたたかくて結構と日向ぼっこしているだろうけど、ふつうの人はそれだけでノイローゼになったり、妻子からも疎(うと)んぜられるようになる哀れな人もいるのだと思う。だから平和で仲良くだけのつもりでいれば、いまの時代ただ他の餌食になるだけだし、勝つことだけをねらっていてもいつまでも勝てるわけではない。一旦敗退すれば、たちまち他の餌食になってしまうことに変わりはない。
あるいは家庭のなかで姑としてニラミをきかして若い嫁さんを圧迫していても、年をとって動けなくなってくると、今度は嫁さんに敵討ちされてしまう。そういうふうに逆転して、結局、他の餌食になるだけだ。

仲良くか、勝つことか。その辺いまの社会を生きるのに、これはよく考えてかからなければならないのだと思う。この章のミミズの話も、こうしたわれわれの現実の問題を考えながら「いったい、われわれとしてどういうネライで生きるのか」という話として見るべきだ。

だからいつも仏性とは、アタマ手放し、いきいき畢竟帰運転、行きつく処へ行きついた人生運転だといってきましたが、この章はまさしくそういう「仏性」の巻の結びとして深い意味があると思う。それでいまの景岑(けいしん)和尚と竺尚書(じくしょうしょ)の問答をこういってみたら面白いのではないか。

「人間生存社会の価値観、斬れて両段となる。生存競争社会の勝利者たることか、世界平和か。両頭倶に動く。未審(いぶかし)、生命の真実阿那箇頭(あなことう)にか在る」。

こういうつもりで読んだら、ミミズの話もわれわれの身近な問題になってくる。

師云く、「莫妄想(まくもうぞう)」

書云く、「動ずるはいかがせん」

師云く、「只是れ風火未散」

生命の真実として大切なこと、つまりわれわれの生きる方向とすべきは、そういう「アレか、コレか」のいずれかではないということだ。生命としてみれば平和であることも生命だし、競争する力もあるのが生命で、この二つはいわば人生運転というマイカーのアクセルであり、ブレーキだ。そしたら一方的に平和が大切とブレーキだけかけていいものではないし、勝つことが大切とアクセルばかりふかして突っ走っていいものでもない。結局、二つに分ける妄想以前の生命実物だけが大切なのだ。そういう生命実物をただねらっていかにアクセルをふかし、ブレーキをかけ、ハンドルも自由に操っていくか。いかに生きた使い方をしていくか。それがいきいきした畢竟帰運転であり、莫妄想の只管人生運転です。

いまの時代を考えると、その大切にすべきネライ場所がまったく見失われて狂っている。その点ひと昔前までは西洋なら神さま、日本では仏さまが生活の中心にあって、すべては神さま仏さまのお陰という謙虚さがあった。ところがルネッサンス以後この世は個人の生存競争だけの場になって、アレかコレか、勝つか負けるか、いいか悪いか、という発想でしかものを考えなくなった。

たとえば、酒を飲むのは悪いというので、アメリカでは一時禁酒にして取り締まったことがある。そしたらなあに暗黒街がバカに繁盛して、アル・カポネという暗黒街の帝王まで出てきてしまった。そんな簡単にいいか悪いか決めてしまえば、それ以上に悪いことになる。

まあ、日本は地震国とも次進国ともいうのだから、そういう西洋的発想を盲目的に受け入れて、いまはこの世は生存競争、勝つことだけが大切と思って頑張っている。これはバカの骨頂だ。事実われわれ競争する力だけでなく、協力する力も、話し合って仲良くする力ももっているのだ。

しかしだからといって、平和なフヌケたような顔をしていたら、これは餌食になるだけだ。権力者や我欲の強い人の単なる餌食になっていいものではない。それを澤木老師は端的にこういわれた。

「人に騙されるような顔をしているのが一番いけない」

これが大乗仏教です。人に騙されるようなおめでたい顔をしているというのは、人に騙すという罪を犯させることだからだ。ふつうの坊さんは「人を騙してはいけない。仲良くするのが一番です」などと、いかにも善男善女が喜びそうなキレイゴトばかりいっている。いま大切なのはそんな「アレは良い、コレは悪い」という平面的思考ではない。アレもコレも風火未散の生命実物として生きているのだから、いずれも生命地盤の風景として、生命全体を見渡した大人の目をもって生かしていくのでなければならない。

子どもというのは全体を見渡すことができないから、赤信号は止まれ、青信号は進め、黄信号は注意とだけは、教えられた通りに分かっている。でもじゃあ黄信号のときに進むのか、止まるのかといったらもう分からない。いまの日本人みたいだ。大人としていったらすべて町全体の風景を見渡した処で、赤信号でもそこを老人か誰かちょこちょこ歩いていくのなら素早く止めに出なければならないし、救急車のサイレンが鳴ってくるようなら青信号でも出てはならないときがある。青も赤も一応の話で、それ以上に実際の町の風景全体を見渡した処で生命行動をしていかなければならない。大切なのは生命行動だ。生命そのものとしてアクセルも、ブレーキも、ハンドルも働かせて、いかに刻々莫妄想の畢竟帰運転をしていくかです。

こういうと必ず「その莫妄想になれないんです」という人がいる。でも心配いらない。莫妄想になれるか、なれないか、その二つに分かれる以前が生命実物だ。なれるなれないの話ではないというのが莫妄想だ。

そんなことを心配するよりも失敗したら失敗した処でいいのだ。莫妄想になれなかったらなれない処でいい——もうそれはそれでパッと手放して、また次の瞬間はいきいきとした目で生きることだ。いつもいうように誰でも彼でも悉有仏性、誰でも彼でも自己尽有尽界時々だ。私というのはもう空間的には世界全体と一緒に、時間的にはマッサラな時々刻々を生きている。小さく固定しているものは何もない。私は莫妄想になれませんと固定しているものではない。とにかくアタマ手放し、いまここ、いきいきと生きた目を見開いて本当の生命行動、大人の行動をネラッていくということが莫妄想であり、仏性の修行なのだ。

『いま尚書いはくの「蚯蚓斬為両段」は、未斬時は一段なりと決定するか。仏祖の家常に不恁麼なり。蚯蚓もとより一段にあらず、蚯蚓きれて両段にあらず。一両の道取、まさに功夫参学すべし。

「両頭倶動」といふ両頭は、未斬よりさきを一頭とせるか、仏向上を一頭とせるか。両頭の語、たとひ尚書の会不会にかかはるべからず、語話をすつることなかれ。きれたる両段は一頭にして、さらに一頭のあるか。その動といふに倶動といふ、定動智抜ともに動なるべきなり』

では道元禅師の提唱に戻って、この問答を味わってみたい。

尚書が「蚯蚓斬れて両段と為る」といったけれど、それなら「一段」とはなんだ。斬る前が一段なのかというのですね。しかし「仏祖の家常に不恁麼なり」、仏法としてはそういう言い方はしない。というのは一だ、両だといっても、一に一の自性はなく、両に両の自性はないからだ。これはミミズを雲に置き換えてみればよく分かる。雲がパーッと一つ浮いていて、それが二つに千切れたといっても、それで雲が一つ、雲が二つと決まったものではないでしょう。われわれだってミミズだって、なんとなしに現われてなんとなしに消えていくので、雲みたいな存在です。そこに一とか、二とか決まったものはない。そこをよく功夫参学すべしだ。

しかしいま決まったものはないといいながら、「両頭倶動」という言葉が出てきた。そしたら斬らない前を一頭とするのか、「仏向上」つまり仏性をもって一頭とするのか、たとえ尚書がその辺心得ていようと心得ていまいと、両頭という言葉の仏法としての意味をよく考えてみなければならない。

そうすると二つに斬れたといっても、「一頭」は一頭ではないのか。雲が二つに斬れても雲という点では変わりない。あるいは西有禅師がいうように、ウドンは幾つに斬ってもウドンだ。だからさっき人類生存社会の価値観が割れて二つになるといったけれど、両方共に人類生存社会の話だ。別に二段になっているわけではない。だから「きれたる両段は一頭にして、さらに一頭のあるか」——仏向上という超仏越祖の一頭があるのではないのかという。

「定動智抜（じょうどうちばつ）」という言葉は、涅槃経の師子吼品に次のように出ています。

「堅木を抜くが如し、先づ手を以て動かせば、後則ち出で易し。菩薩の定慧も亦復是の如し。先づ定を以て動かし、後に智を以て抜く」

たとえばグッと食い込んでいる楔（くさび）を抜くとき、まず手でよくゆすってから一気に抜くと抜きやすい。同じように菩薩が無明煩悩を抜くのに、まず禅定（ぜんじょう）をもってゆすっておいてから智をもって抜くという。

しかしこれでは定と智、動と抜とが対待（たいだい）になっている。本当は動といったら全体が動、抜といったら全体が抜、「定動智抜ともに動なるべき」だ。つまり定も仏性、動も仏性、智も仏性なら抜も仏性で、すべて仏性ならざるはない。だから生命実物をもって生命実物を動かし、生命実物を生命実物が抜くのだ。

『「未審、仏性在阿那箇頭」。「仏性斬為両段、未審、蚯蚓在阿那箇頭」といふべし。この道得は審細にすべし。「両頭倶動、仏性在阿那箇頭」といふは、倶動ならば仏性の所在に不堪なりといふか。倶動なれば、動はともに動ずといふとも、仏性の所在はそのなかにいづれなるべきぞといふか』

何から何まで仏性ならざるはないなかで、斬れたりくっ付いたりしているのだから、道元禅師は「蚯蚓斬為両段、未審、仏性在阿那箇頭」というより「仏性斬為両段、未審、蚯蚓在阿那箇頭」というべきだとおっしゃる。

だいたい尚書は倶に動いていることが、仏性のあり場所として不適格だと思っているのか。あるいは二つとも動いているので、仏性はそのどちらの方かと疑問に思っているのか。

『師いはく、「莫妄想」。この宗旨は、作麼生なるべきぞ。妄想することなかれ、といふなり。しかあれば、両頭倶動するに妄想なし、妄想にあらずといふか、ただ仏性は妄想なしといふか。仏性の論におよばず、両頭の論におよばず、ただ妄想なしと道取するか、とも参究すべし。

「動ずるはいかがせん」といふは、動ずればさらに仏性一枚をかさぬべしと道取するか、動ずれば仏性にあらざらんと道著するか』

「師のいった莫妄想の宗旨はどういう意味なのか」と読んでしまいそうですが、本当は莫妄想ということの実態が「作麼生（そもさん）」なのだ。

以下「いふか」「するか」と続きますが、いずれもそういう道理もあるということです。「両頭倶動」は妄想なしで動いているのであって、それ自身は妄想ではない。いま心臓一つ動いているのでも、オレが動かそうと思うから動いているのではない。たとえ妄想が湧いて困るといっても、それも生命実物として頭へフッと浮かんでくるのです。だから仏性そのものとしてはどんなことでも妄想なし、妄想にあらずという道理がある。あるいは仏性だ、両頭だという論さえなしに、本当は天地間に妄想というものは一つもないという道理もある。

それに対して尚書は「動ずるはいかがせん」という。ところが動ずるとか、不動というのは人間の頭が分別しているだけで、生命実物そのものは動不動に分かれる以前だ。それなのに動いているのが悪いから、そこへ不動という仏性を一枚重ねようというのか。あるいは動いているから仏性はないといいたいのか。

『「風火未散」といふは、仏性を出現せしむるなるべし。仏性なりとやせん、風火なりとやせん。仏性と風火と、倶出（くしゅつ）すといふべからず、一出一不出といふべからず、風火すなはち仏性といふべからず。ゆゑに長沙は蚯蚓に有仏性といはず、蚯蚓無仏性といはず。ただ「莫妄想」と道取す、「風火未散」と道取す。仏性の活計は、長沙の道（どう）を卜度（ぼくたく）すべし。風火未散といふ言語（ごんご）、しづかに功夫すべし。未散といふは、いかなる道理かある。風火のあつまれりけるが、散ずべき期いまだしきと道取するに、未散といふか。しかあるべからざるなり』

われわれ地水火風という四大和合した体で生きていますが、この体そのものが仏性の丸出しだ。「仏性を出現せしむるなるべし」だ。だから風性常住無処不周と「現成公案」巻にあるように、いまわれわれ天地一杯の風火で生きている。天地一杯の風火はもう処として周(あまね)からざるということなしだ。

それを仏性と風火と倶に出てきたとか、風火が出れば仏性は引っ込む、仏性が出れば風火は引っ込むとか、「一出一不出」をいったり、あるいはまた「風火すなはち仏性」とかいってはならない。つまり風火といえば風火でよし、仏性といえば仏性だけでいい。本当はといったら仏性というのも仮りの名、風火というのも仮りの名、実物は実物だけであって風火とも仏性ともいう必要はない。だから長沙はただ「莫妄想」、ただ「風火未散」と道取した。

結局、行きつく処へ行きついた生き方といったら、われわれ思っても思わなくても、信じても信じなくても、風火未散と道取された仏性を生きている——この絶対事実を大切にするということ以外にない。これが畢竟帰運転の根本です。決してアタマで二つに分けた後の平和が大切とか、勝つことが大切だとか思って驀進してはならない。だいたいなんでもアレか、コレか、○か、×かでことを処理しようとするのは、いまの時代が幼稚だからだ。そんなのはコンピューターの次元だ。人間生命をアレかコレかばかりで片付けようとするのは妄想でしかない。せめて人間生命はアレかコレかではないのだということはよく知って、逆にコンピューター一つでも使いこなしていかなければならない。その莫妄想の人生運転だけが仏性だ。

「仏性の活計」とは仏性の活動する現実、つまり莫妄想の人生運転の実際は、長沙和尚の言葉をよく「卜度」――卜い測って知るがいいということ。

みんな「風火未散」というと、因縁和合してできたいずれ死ぬべきこの体が、まだ散じていないという意味に受け取るけれどそうではない。それだったら生理的生命だけしか見ていない。風火未散というのは、生死を超えた生命実物をみんな生きているということです。

『風火未散はほとけ法をとく、未散風火は法ほとけをとく。たとへば一音の法をとく時節到来なり。説法の一音なる、到来の時節なり。法は一音なり、一音の法なるゆゑに』

だから「風火未散」は、天地一杯の風火だ。どの風火もどの風火も、なんでもかんでも天地一杯ならざるはない。どっちへどう転んでも御いのちだ。そしたら風火という仏が天地一杯の法を説いている。これは身心脱落だ。

「未散風火」と引っくり返していったら、天地一杯の生命実物がいまここに実物としてあるということだ。天地一杯の法がいまここの風火を説いている。いまこの実物こそ御いのちだ。この実物は天地一杯の脱落身心だ。

「一音の法」と出てきますが、真言宗では「阿字本不生」といって阿字が万有の根本です。「阿」という一音ですべてを言い尽くしてしまう。

私なら阿字の代わりに雲一つもってくる。雲というのはあらゆる存在の原型だとつくづく思う。大空を見てごらんなさい。そうすると雲がフーッと現われては、フーッと流れていつの間にか消えている。じつはその雲一つ現われるという力が、あらゆる雲が現われる力でもある。それと同時にわれわれ人間がこうしているという力でもある。それがすべての存在の在り方を体現している。

だから阿という一字がまたあらゆることを説き尽くして、しかもそれは本不生で実体はない。何から何まで天地一杯のものはコロッと決まったものはない。ただフッと現われて、フッと消えていく。つまり雲も万有も一つとして新たに生じたものはなく、天地一杯の生命実物がいまここに雲一片として、あるいは万有として現われただけだ。それなのに人間のアタマだけが抽象的に概念を取り出していろいろと妄想している。その妄想以前の生命実物に立ち帰ってみさえすれば、あらゆるものは本不生で不去不来、不増不減だ。

そういう生命実物がしかも天地一杯からいまここに如来如去している。出入りなしの処にフーッと出入りしている。それが「一音の法をとく」ということです。その一音がまたすべての存在の在り方として、無量無辺に説き分けられていく。

「法は一音なり、一音の法なる」とは、天地一杯の生命実物がいまこの一音の実物だ。いまこの一音こそ天地一杯の生命実物だということ。

『又、仏性は生のときのみにありて、死のときはなかるべしとおもふ、もとも少聞薄解なり。生のときも有仏性なり、無仏性なり。死のときも有仏性なり、無仏性なり。風火の散未散を論ずることあらば、仏性の散未散なるべし。たとひ散のときも仏性有なるべし、仏性無なるべし。たとひ未散のときも有仏性なるべし、無仏性なるべし。しかあるを、仏性は動不動によりて在不在し、識不識によりて神不神なり、知不知に性不性なるべきと邪執せるは、外道なり』

仏性とは不生不滅・不去不来のものが如去如来するという話だから、生のときだけあって死のときはないと思うのは「少聞薄解」だ。だいたい仏さんの目から見たら、この世に生死というものはないのです。生と死と分かれる以前が生命実物だ。ただ人間の頭だけが生まれたり、生きたり、死んだりすると思っている。しかしどんなに思っていようと思っていまいと、信じようと信じまいと、実際は無有生死です。

ただそこにおいて仏性ということが、生としても現われ死としても現われる。だから「生のときも有仏性なり、無仏性なり。死のときも有仏性なり、無仏性なり」という。同じくたった一枚の仏性が風火の散未散とつかわれるから「散のときも仏性有なるべし、仏性無なるべし。たとひ未散のときも有仏性なるべし、無仏性なるべし」だ。

それなのに動のときは仏性があり不動のときは仏性がないと思い、意識するかしないかで「神」（霊妙な働き）があったりなかったりすると思い、知ればこそ仏性があるので、知らなかったら仏性はないと決め込んでいるのは外道だ。仏法としてはいつも思っても思わなくても、信じても信じなくてもという地盤であって、まったく次元が違っている。

『無始劫来は、癡人おほく識神を認じて仏性とせり、本来人とせる、笑殺人なり。さらに仏性を道取するに、拕泥滞水なるべきにあらざれども、牆壁瓦礫なり。向上に道取するとき、作麼生ならんかこれ仏性。還委悉麼（また委悉すや）。三頭八臂』

昔からバカな人は「識神」、つまり頭の働きを仏性だと思っているけれど、まったく「笑殺人」——吹き出してしまう話だ。

いろいろ頭が働いて思うのは、私にいわせれば頭の分泌物でしかない。その分泌物を自分の主人公だと思い、生命そのものと思ったら大間違いだ。ところがみんなオレの頭にフッと浮かんだことに取り付かれてしまい、どうしてもそうせずにはいられませんといって、ギャンブルで身を持ち崩すやつもあれば、女で身を滅ぼすやつもいる。いまの人はみんな分泌過多だ。そのうちに頭潰瘍になって頭に穴があいてしまうだろう。

「拕泥滞水（たでいたいすい）」とは、自ら泥をかぶり水にぬれて他を助けること。つまり菩薩は慈悲のために自分が汚れるのも忘れて人を済度する――というと何か殊更でそんなにまでしなくてもいいようなものだけれど、なあに仏法といったら拕泥滞水の泥を塗りこめた「牆壁瓦礫（しょうへきがりゃく）」よりないのだ。

「牆壁瓦礫心は、牆壁瓦礫のみなり。さらに泥なし、水なし」（正法眼蔵「即心是仏」巻）

その牆壁瓦礫というのは、泥も水もありはしない。とにかくそれぐるみ一切だ。そしたら衆生済度というのは、私と衆生をハダハダに見て人さんのお役に立とうというギコチナイ話ではない。われわれ社会に働くというのが、そのまま私が生きるということだ。少しでも人さんのお役に立つようなことをして生きることが、私の生命そのものだ。それによって私もいきいきするのです。

「得は徳を損じ、損は徳を積む」

これは澤木老師の「得は迷い、損は悟り」という言葉を私が長年味わってきて、このごろつくづく思うことです。私が人さまの御ために少しでもお役に立てるのだったら、それは徳を積んでいる。反対に私が得をしたら、徳を損じている。

これを経済界の人にいわせれば「得は徳を損じる」とは「借り方」だし、「損は徳を積む」とは「貸し方」になる。借り方が多くなってはやっぱり駄目ですよ。信用を失ってしまう。ところが主婦のつける家計薄では、借り方の方が収入で、貸し方が支出になっている。そうすると一般の主婦たちは収入の多い方がいいと思って、そんな観点だけでソロバンをはじいている。ところが収入が多いということは借りをそれだけたくさん作っているのだから、余計取りすぎたら本当は信用失墜だ。逆にできるだけ出していれば、貸し方が多くなって自分の生きる範囲も広くなるのです。

だからオレのものの見方だけから測っていては駄目だ。自他ブッ続きの生命という観点から見直してみると、生きる世界が広々する。それは拕泥滞水というからいかにも汚ない泥水のなかへ飛び込んでいくように思うけれど、だいたいわれわれの生きているということが牆壁瓦礫なのだから、そこにおいてできるだけ人さんのお役に立てたら結構です。

以上、一応の話としてはそうだけれど、それを超えていかに実際に生きて働いていくか。そのとき「作麼生（そもさん）」がそのままこれ仏性だ。

「還委悉麼（また委悉（いしつ）すや）」とは、くわしく領解できたかということ。

「三頭八臂」は頭が三つで手が八本の阿修羅の姿だ。いま仏性を一口で悉（ことごと）くいおうとすれば三頭八臂——人間の頭で捉えられるような思いならわしたものではない。要するに仏性とは畢竟帰運転なのだから、いきいきと目を開いて刻々千変万化していかなければならない。

そしたら悉有仏性というのが出てきた。あるいは山河大地というのも出てきた。有仏性も出てきた。無仏性も現われた。そして狗子仏性、蚯蚓、牆壁瓦礫まで出てきたのだから本当に三頭八臂だ。

結局、生命実物は千変万化の働き、行なのです。

最後に、またこの巻を拝読して私なりの詩みたいなものを書いたので、これを紹介させていただいて、この巻の話の結びと致します。

畢竟帰運転

自己が自己に落ち着く畢竟帰
出会う処はみなわがいのちゆえ
どっちへどう転んでも畢竟帰
自己よりそとに何かの当てを
思い描く余地は何処にもなく
物足りようの思いを手放して
いつも覚め覚め畢竟帰運転
発心百千万発畢竟帰運転

あとがき

日本仏教は、従来漢訳仏典に出てくる言葉をそのまま缶詰として、その缶詰をあっちへやったり、こっちへやったりしているだけで、ついにそれを開缶し、その中味を自分で食べてみることをしなかったように、私には思われてなりません。大切なことは何より仏典の言葉を開缶し、自分で食べて、自分の栄養にしなくてはならないのだと思うのです。そんなことで私は、昭和五十三年正月から京都宗仙寺で始めた正法眼蔵を読む会も「味読会」と名づけ、ここで喋った話を本にする場合も「味わう」シリーズとして刊行している次第です。

その点正法眼蔵についても、あたかも博物館の陳列ケースのなかをのぞきこむような、いままでの読み方とは根本的に異なる読み方を私はしていると思います。しかしそれは、私が一個の仏道修行者である以上、仏典を読むのは単なる学問として読むべきではなく、どこまでも古教照心するという態度でなければならないと信ずるからです。古教照心とは、仏典を何より自分という人生および修行に当てはめて読む態度なのであって、それと同時にこれが現代に生きる自分の生き方として働き、また現代に生きる自分の言葉としてはっきり言表する処があってしかるべきだと思います。

しかしそれにしても、この正法眼蔵「仏性」巻において、仏性という言葉を「自己の人生の畢竟帰運転」として意訳したことは、従来のカタにはまった仏教常識からいえば、まったく奇異に感ぜられる処があるかもしれません。このような意訳をしたことについては、この本の私の話において十分説明したつもりですが、なおここで、私のこの仏性についての現代語訳が、仏教という宗教全体としていかなる意義をもつものであるかについて、いささか付け加えて申し上げさせていただきます。

釈尊がご入滅直前に説かれたという、いわば最期のご遺言のお経である「仏垂般涅槃略説教誡経（ふつう遺教経とよばれる）」の冒頭には、

「汝等比丘、我が滅後において、まさに波羅提木叉を尊重し珍敬すべし。闇に明に遇ひ、貧人の宝を得るが如し。まさに知るべし、これは則ち是れ汝等が大師なり。もし我れ世に住するとも、これに異ること無けむ。……戒は是れ正順解脱の本なり。故に波羅提木叉と名く」

とあり、そして最後には、

「自今已後、我が諸の弟子、展転して之を行ぜば、則ち是れ如来の法身常に在まして滅せざるなり」

と結ばれてあります。

人間最期の言葉は、その人の一生の総結論の言葉として重大な意味をもつものですが、お釈迦さまの場合、「波羅提木叉」こそが、死んでいく自分に代わるものとしていわれていることは刮目してみなければなりません。

今日仏教といえば、南方上座部仏教あり、北伝の大乗仏教あり、その大乗仏教として日本に伝わり行なわれているものだけでも、それこそさまざまな様相を呈しているわけですが、それらをひとまとめにして、いったい那辺で通じ合うべきであるか――結局このお釈迦さまのご遺言の波羅提木叉の根本においてこそ、通じ合わねばならないのでないでしょうか。

波羅提木叉とは、だいたい戒のことですが、決して自分より外側に設定された防非止悪の禁制ではありません。本質的なことは、この戒を守る当処でそれだけいまここで解脱するという意味で「別解脱」ともいわれ、あるいはこの戒を守る当処で生死を解脱し、涅槃の境に順応するので「正順解脱」ともいわれているものです。

これはたとえていってみれば、われわれの一生は何十年という寿命を生きるわけですが、根本はいまの呼吸をいま呼吸しつつ生きるのです。それと同じく「生死を超えた御いのち」を生きるのでも、いまここで「生死二つに分かれる以前の御いのち」をいまここで行じつつ生きることによって、初めていきいきした御いのちが現成するでしょう。「現成公案」巻に、天地一杯の風性も、いまここで扇ぎ出せばこそ、天地一杯の風が起こるのだといわれる所以です。

今日の南方上座部仏教ではいまもなお、この戒を大事にしているでしょう。これに対し大乗仏教では、この戒を持(たも)つことが涅槃に帰る「正順解脱の本」であることから、涅槃こそを畢竟帰（畢竟(つまり)帰る処）として大事にするわけです。

この畢竟帰という言葉は、いままでの日本仏教では滅多にいわれておりませんが、これこそが大乗仏教としてはもっとも大事にしなければならぬ言葉でないでしょうか。というのは、これを自分の人生に当てはめていえば、「行きつく処へ行きついた生き方」ともいうべきなのですから。さすが聖徳太子はご聡明なお方でした。

「篤く三宝を敬へ。三宝は仏法僧なり。則ち四生之終帰(ししょうのじゅうき)、万国之極宗(まんごくのごくしゅう)なり」

といわれ、結局「四生之終帰、万国之極宗」なればこそ、仏教を日本に取り入れられたのでしたから。太子がこの「四生之終帰、万国之極宗」といわれた根本は、まさしくこの畢竟帰という言葉です。つまり仏教がわれわれにとって根本的に大切であるのは、それがまさに「行きつく処へ行きついた生き方」を教えてくれる宗教だからです（日本仏教の初めの聖徳太子のご主旨にもかかわらず、その後日本仏教がこの最重要な畢竟帰ということも、波羅提木叉ということも取り上げて、広く人々に教えてこなかったのは、いったいどうしてなのか――私には分かりません）。

ところでこの畢竟帰（行きつく処へ行きついた生き方）というものが、決してコロッとした境地境涯としてあるものではなく、それがいきいきした御いのちであるかぎり、どこまでも畢竟帰空、中道として的中運転していく処にのみ現成するということが「仏性」という言葉の根本的意味です。

くわしくはこの本の私の話を読んでいただきたく思いますが、結局「遺教経」の言葉に立ち帰っていえば、「自今已後、我が諸の弟子、展転して之を行ぜば、則ち是れ如来の法身常に在まして滅せざるなり」とあるように、どこまでも「展転して之を行じていく」ことが「仏性」なのです。私が「仏性」を殊更に「自己の人生の畢竟帰運転」と意訳したのは、この「展転して之を行ずる」ことを今日のマイカー運転になぞらえていいたかったからです。

この「自己の人生の畢竟帰運転」という点からいえば、先にいったように、今日仏教はそれこそさまざまな各宗各派に分かれているとはいえ、根本とすべき処はどこにあるべきか、明らかとなってくるのでないでしょうか。南方上座部仏教の人たちは持戒においてそれを行じていくでしょうし、浄土門の人たちはお念仏において、禅門の人々は証上の修行あるいは悟後の修行において、畢竟帰運転していくことこそが根本であることが、明らかとなると思います。

決して「戒をオレは持っているぞ」と傲慢心を起こしたり、あるいは「自分は信心をいただいている」とか「オレは一発悟りを開いた」からといって、それですべてを了畢（りょうひつ）したつもりで、「展転して之を行ずる」ことをやめたならば、もはや如来の法身をとっくに滅しさせてしまっていることでしょう。その辺の本質的に大事なことを誤らせないためにこそ、道元禅師はこの「仏性」巻をお説きになられたのだと思います。

その点仏教はこの如来の法身をいまここで「展転して行じてゆく」という一点において、釈尊以来一貫したものがあるのであり、このことを誰でもなく私自身において、どこまでも修行していきたいとのみ思っています。読者の皆さんもこの「仏性」巻を、どこまでも自己の人生および修行において古教照心しつつ読まれ、この本の私の話がそのための一助としてお役に立てばとのみ願っております。

この巻についての私の話は昭和五十八年五月より、五十九年十月まで――そのころ、ちょうど私は健康を害していましたので、休み休みとなりましたが十二回にわたって――京都五条高倉の宗仙寺において提唱したものを、弟子の櫛谷宗則が原稿としてまとめたものです。

昭和六十二年　春彼岸の日

著者しるす

後記

本書は昭和六十二年に柏樹社より刊行された内山興正老師著「仏性を味わう」を復刊したものです。正法眼蔵の原文は水野弥穂子先生の岩波文庫本、春秋社・道元禅師全集に依っていますが、読みは一般的な読み方に従った処もあります。

「仏性」といういのちを老師はその全身心で生き、味わい、「自己の人生の畢竟帰運転」といわれます。老師の面目がよく表われたお言葉だと思います。しかし文中にもありますように、一般的仏教常識からいえばそれは思いがけない言葉でしょう。それはわれわれ、仏を何か遠くの偉い存在と思い、仏教とはいろいろ並ぶ宗教のなかの一つの教えにすぎないと思っているからではないでしょうか。

だいたい仏教とは釈尊が生老病死という人生に悩まれて、王城も王妃も捨てて修行の道に入られたところに始まっています。それは「私がこの人生をいかに生きるか」という問いかけであり、「什麼物か恁麼に来る」いまここどう生きているのだという、切実な私の問題としてあるでしょう。誰でもその私なのです。

それに応えて悉有仏性という言葉が初めに示され、老師が畢竟帰運転、行きつく処へ行きついた生き方をするといわれるのは、これ以外にない答えであり、「あとがき」にもある通り釈尊から一貫しているでしょう。そこから逃れることもそこへ向かうこともできない、その本源的在り方につながって生きることは法身を生きることであり、自性清浄心とも呼ばれ、後には如来蔵、そして涅槃経に至って初めて仏性といわれます。それは決して何か有難そうな本性が固定してあるというのでなく、そういう深さが備わっているこの身の事実をいうでしょう。すでにつかみ切れない什麽物として、いまからいまへ刻々新たに、あらゆる在り方をして生きていきます。思いで停滞させず、そのいのち自らが働きだして覚め覚めていく。そのいまがいまに成る当たりまえの深さ、その私がただ私を全うするめもりのない深さに歩むとき、すでに仏性の悉有です。

このような坐禅の身心を説いているのが「仏性」の巻であり、じつは坐禅以前にすでにそういう身の事実を生きていればこそ、われわれどこにあっても仏性せざるを得ないでしょう。それは無量の頭をもち無数の手をもって、刻々話したり、掃除したり、典座したり、ただそれだけの天地の姿として休みない働きをしているでしょう。

そんなどこもかしこも仏性の御いのちのなかで、老師は「自分がいつも追求する姿勢でなくてはならない。一生、求道者なんだ」といわれ、その通りの人生を全うされました。その最晩年の御歌です。

み仏は　他人ではなし　わがいのち
畢竟帰る　量(はか)りなき深さ

いま年に一冊ほどのペースで老師の本を復刊させていただいております。それは読者の皆さまのお陰であると同時に、山本成一堂頭(どうちょう)老師、関口道潤老師そして編集部の小山弘利氏のあたたかいお力添えによるものです。深く感謝致しますと共に、老師の願いがこれを手に取ってくださったあなたに、新たないのちを得ることを願っております。

（櫛谷宗則）

内山　興正（うちやま・こうしょう）

明治45年、東京に生まれる。早稲田大学西洋哲学科を卒業、さらに2年間同大学院に在籍後、宮崎公教神学校教師となる。昭和16年、澤木興道老師について出家得度。以来坐禅修行一筋に生き、昭和40年、澤木老師遷化の後は、安泰寺堂頭として10年間弟子の育成と坐禅の普及に努める。平成10年3月13日、示寂。

著作は数多く、英独仏伊語などにも訳されている。主著に『正法眼蔵―行仏威儀を味わう』『正法眼蔵―坐禅箴を味わう』『生存と生命』『御いのち抄』（以上、柏樹社）『ともに育つこころ』（小学館）『禅からのアドバイス』『いのち樂しむ―内山興正老師遺稿集』『坐禅の意味と実際―生命の実物を生きる』『自己―ある禅僧の心の遍歴』『普勧坐禅儀を読む―宗教としての道元禅』『宿なし興道法句参―澤木興道老師の言葉を味わう』『正法眼蔵―八大人覚を味わう』『正法眼蔵―現成公案・摩訶般若波羅蜜を味わう』『正法眼蔵―生死を味わう』（以上、大法輪閣）etc。

正法眼蔵（しょうぼうげんぞう） 仏性（ぶっしょう）を味わう

平成23年5月10日　初版第一刷発行 ©

著　者　内　山　興　正
編　者　山　本　成　一
発行人　石　原　大　道
印刷所　三協美術印刷株式会社
製　本　株式会社　若林製本工場
発行所　有限会社　大法輪閣
東京都渋谷区東2－5－36　大泉ビル2F
TEL　(03) 5466－1401（代表）
振替　00130－8－19番

ISBN978-4-8046-1318-5　C0015　　Printed in Japan